Georg Papke

VERSE

AUS UND ÜBER MEIN LEBEN

2. erweiterte Ausgabe

Hier mein Leben sozusagen in Versform. Nicht unbedingt gekonnt, aber zumindest streckenweise amüsant.
Es ist für den gedacht, der nicht gerne viel und lange liest. Und das stelle ich fest, trifft heute für viele Menschen zu.
Trotzdem viel Spaß dabei.

© 2024 Georg Papke
Herstellung und Verlag:
BoD – Books on Demand, Norderstedt
ISBN: 9783759714268

GLIEDERUNG

1.00 RICHTFESTE und ÜBERGABEN

Als Architekt war meine Tätigkeit sehr vielfältig. Ich war nicht nur für die Planung zuständig, sondern auch für die Baudurchführung meiner Bauvorhaben. Die große Aufgabe bestand darin, im Kloster Zwiefalten die alten Gebäude entsprechend der neuen Nutzung als Psychiatrisches Krankenhaus umzubauen und zu sanieren. Gleichzeitig mussten aber auch Neubauten erstellt werden, denn die Umnutzung der alten Klostergebäude zur Irrenanstalt war bereits 1812 erfolgt. Seither war aber nicht viel baulich verändert worden. Dementsprechend war jetzt auch die Bausubstanz.

Jetzt waren gleichzeitig drei Bauten im Rohbau fertig und es sollte ein gemeinsames Richtfest gefeiert werden.

Üblich war es, dass der Zimmermann dazu einen zünftigen Richtspruch vorträgt und nachdem er ein Glas Alkohol geleert hat, das Glas am Bau zerschellen lässt. So würden wir es hier auch tun.

Zur Vorbereitung sprach ich mit dem Zimmermeister des neuen Krankengebäudes, an dem das Richtfest stattfinden sollte. Und er meinte, dass er einen Spruch aus seinem Büchlein vortragen könne.

Als er mir den Spruch zeigte musste ich feststellen, dass der Text überhaupt nicht zu unserem Richtfest passte. Denn hier sollte das Richtfest vom *3 Bauten,* dem neuen Krankengebäude, dem sanierten Fraterbau und dem neuen Arbeitstherapiegebäude zusammen gefeiert werden.

Aber auch alle anderen Sprüche in diesem Buch passten nicht. Nun war guter Rat teuer. Er hatte keinen besseren Vorschlag und ich auf Anhieb auch nicht. Daraufhin kam mir ein interessanter, aber auch sehr gewagter Gedanke. Ich ließ mir das Büchlein

geben, um es zu Hause gründlich zu studieren. Mitten in der nächsten Nacht wachte ich auf und hatte einen ganz klaren Auftrag vor Augen:
Ich müsste selbst den Richtspruch verfassen!!!
Wieder mal war mir im Schlaf meine Großmutter erschienen - so nannte ich es immer, wenn mir mitten in der Nacht ein passabler Lösungsansatz zu einem Problem einfiel.
Gleich am nächsten Morgen setzte ich mich hin und entwarf ein Konzept für den Richtspruch. Er musste aus 3 Teilen bestehen, die jeweils von einem Zimmermann des jeweiligen Baues vorgetragen werden mussten. Dazu als Übergang ein 4. Zimmermann, der das Ganze einleiten sollte. Das hörte sich schon mal recht gut an.
Stolz präsentierte ich nun dem Zimmermeister bei unserem nächsten Treffen auf der Baustelle diesen Vorschlag. Und er war begeistert, hatte ich ihm doch

eine große Last abgenommen. Nun hatte er nur noch den Auftrag die Vorträger zu bestimmen. Wobei er sich bereit erklären würde, die Einleitung selbst zu übernehmen.

Es fehlte nur noch der jeweilige Text dazu!!!

Das war nicht so ganz einfach. Aber noch am selben Wochenende hatte ich einen Vorschlag zusammen, den ich dem Zimmermann präsentierte. Nach mehrmaligem Überarbeiten war der Text dann reif. Es war auch höchste Zeit, denn bereits in der übernächsten Woche war das Richtfest geplant.

Die Vorträger waren ausgesucht, aber ungeübt und der Text für sie absolut neu. Natürlich übte ich den Text mehrmals vorher mit den Männern. Dabei musste ich aber feststellten, dass sie den Text nicht auswendig vortragen konnten. Das hatten sie offensichtlich auch noch nie getan. Deshalb erlaubte ich ihnen sogar bei Bedarf vom Blatt abzulesen.

Dann kam der große Tag, alle am Bau beteiligten waren in Festkleidung erschienen. Natürlich waren auch ranghohe Behördenvertreter, wie Denkmalpflege, Landratsamt und die Oberfinanzdirektion Stuttgart gekommen. Denn jeder wusste, dass es hinterher immer ein großes Fest gab.

Das Ganze lief ab wie am Schnürchen, denn ich hatte es sehr akribisch gut vorbereitet, ich wollte nichts dem Zufall überlassen.

1.01 RICHTSPRUCH FÜR 3 GEBÄDE

1. Festredner Zimmermann Bruno Pilger selbst, gemäß meiner Vorlage:

Sehr verehrte Richtfestgäste,
lasst grüßen Euch aufs Allerbeste

und hört nach altem Brauchtum an,
vom Dachstuhl hoch den Zimmermann.

Stolz und froh ist jeder heut,
vorab die wackren Handwerksleut.

Sicher auch die Herrn und Damen
die heut als Gäste zu uns kamen.

So sind entstanden allzumal
dort an der Straß und hier im Tal,

im Rohbau fertig fast bis heute
fürs PLK drei stattliche Gebäude.

Möcht nicht im Einzelnen erwähnen,
wie hier nach Statik und nach Plänen,

gewerkelt wie die Brunnenputzer
nach altbewährtem schwäbschen Muster.

Ob freischaffend, ob PLK,
es waren viele Bauleut da.

Hier waren Jugoslawen und Türken,
auch Italiener hier mitwirkten.

Ja sogar deutsche Handwerksleut,
gib`s auf der Baustelle noch heut.

Nation sich zu Nation gesellt,
so sollt`s überall sein auf dieser Welt?

Die Bauten wuchsen schnell nach oben,
da muss man schier sich selber loben.

Und was am allerschönsten war
kein Unglück traf die Handwerksschar.

So dass in ungetrübter Freude
das Richtfest wir begehen heute.

Erlaubt uns jetzt von dieser Stelle
noch einen Rückblick auf die Schnelle:

2.Festredner Hans -Joachim Krams, Zimmermann des Krankengebäudes:

Vor vier Jahren fand man raus,
zu klein ist hier das Krankenhaus.

Altbauten räumen , das ist schwer,
ein neuer Krankenbau muss her.

So sprach mans 73 im May
und dachte an Typ 1 dabei.

Es wurd` geplant und festgestellt,
sogar ein Standgerüst erstellt.

Da kam man mit der Denkmalpflege
im Klostergarten ins Gehege.

Ein Jahr verging, man fand Vertrauen,
da ward verfügt, `nen alten Typ zu bauen.

Auch dieser kam hier nicht zur ehr,
es musst `ne Variante her.

Nun plante man mit vielem Schweiß,
bis eine Lösung fand den Preis.

Typ Zwiefalten könnt ihr ihn nennen,
man kann ihn schon am Dach erkennen.

Im Winter dann den Bau begonnen
denn sehr viel Zeit war schon verronnen.

Jetzt wurd gerammt, gebaggert, gemauert
es hat schon etwas lang gedauert.

Seit wir den Bau hier angefangen,
sind beinah 13 Monate vergangen.

Gerichtet steht nunmehr das Haus
Vom Sockel bis zum First hinaus.

3. Festredner, Reinhold Baur,
Zimmermann der
Arbeitstherapiehalle:

Und da hinter der Klostermauer
schafften wir , dieTherapiehallenerbauer.

Jenseits der Mauerstraße dort,
dafür der Holzhof musste fort.

Gedacht war hier zuerst ein Typ,
nach Anpassung nichts übrig blieb.

KAs sind einige gemacht,
das Geld ward beinah durchgebracht.

Geplant ist schon im Jahre 70.
die Bauzeit allerdings verschob sich,

sodass in diesem Jahr sodann
wir Handwerksleut erst fingen an.

Nun möchte man, das wär das Beste
noch Einzug halten vor dem Feste.

Im nächsten Jahr, wir werdens erleben
wir dann die Halle übergeben.

Sodass das PLK fortan
nach seinen Wünschen walten kann.

4.Redner, Lorenz Pilger, Zimmermann des Refekt- und Fraterbaues:

Hinter der Kirche ganz genau
stehn der Refekt- und Fraterbau.

300 Jahr sind schon verronnen,
seit man die Bauwerke begonnen.

Sanierung heißt das Zauberwort,
das selbst der Lehrling kennt vor Ort.

Wir alle haben mit Bedacht,
das Alte nicht kaputt gemacht.

Jetzt baun wir um und schaffen draus
ein fast modernes Krankenhaus.

Ob OFD, ob Denkmalamt,
ob PLK, ob Hochbauamt,

ein Jeder hat hier was zu sagen,
da mussten wir uns tüchtig plagen.

In 73 stand der Plan,
das PLK dran Anstoß nahm.

Aus zwei Stationen pro Geschoss
ward eine, den Planern zum Verdruss.

So gabs den Umbau schon im Plan,
bevor wir Bauleut fingen an.

In 75 kam das Geld,
wir Handwerker zum Bau bestellt.

So bauten und sanierten wir,
es gab noch manche Änderung hier.

Im März dies Jahres wurd ertüftelt
dass der Fraterbau müsste belüftet.

Das warf uns gleich ein Stück zurück,
die Kranken merkten`s nicht, zum Glück.

Nachdem nun alles schien bedacht,
wird auch der Ausbau noch vollbracht,

damit der Kranke dann fortan,
darinnen wieder wohnen kann.

Wir hoffen, dass wirs recht gemacht
dem Bauamt und der Bauherrschaft.

Dies wünschen frohen Sinnes heut,
vom R+F die Handwerksleut.

1. Festredner Bruno Pilger:
Bei dieser langen Festesrede,
wird trocken mir die rauhe Kehle.

Drum will ich nun das Glas erheben
und trinken draus den Saft der Reben.

Das erste Glas nach alter Sitte
Bring ich dem Bauherrn in der Mitte.

Vertreten durch die hohen Herrn
auf sie will ich das Glas nun leern.
Prost!

Das 2. Glas- so geht es weiter
Trink ich auf die Vor-Ort-Bauleiter.

und die Reutlinger Architekten,
die Plan für Plan hier für ausheckten.

Was sie erdacht - ihr seht es hier,
vor Kurzem stands noch zu Papier.
Prost!

Das 3.Glas der Statik gilt,
die sorgsam ihre Pflicht erfüllt.

Drum sei sie keineswegs vergessen,
sie ist wie Salz bei jedem Essen.

Hat man sie nicht, dann kann es sein,
der ganze Bau fällt wieder ein.
Prost!

Jetzt seid nicht böse, wenn ich pauschal
mein Lob nun allemal,

für alle, die mit Kopf und Hand
geholfen bis jedes Bauwerk stand.

Bei jedem Wetter, Sonn` und Regen
sich jeder große Müh` gegeben.

Ich denke hier an dieser Stelle
an Meister, Lehrling und Geselle.
Prost!

Die besten Wünsche soll`n begleiten
diese Häuser nun für alle Zeiten.

Der Herr bewahr ihnen seine Gunst,
schütz sie vor Wasser und Feuersbrunst.

Und Gott möge alle Tage sein
bei denen, die hier ziehen ein.

Dass er sie hüt` vor Leid und Schmerzen,
drum bitten wir von ganzem Herzen.
Prost!

Das Glas zerschmettre nun in Scherben
und schütz` die Bauwerk vor Verderben.

Das war der Richtspruch für die drei Bauvorhaben. Nachdem er auch einigermaßen gut vorgetragen wurde kam er auch gut an.

Später bei einem Glas Rotwein sprach mich, Herr Fritzt, der zuständige Referent für uns bei der OFD (Oberfinanzdirektion) an und bat mich um eine Kopie des Richtspruches, die ich ihm gerne aushändigte. Seither hatte ich bei ihm in der OFD einen ganz besonders guten Stand. Oft rief ich den Herrn Fritz an, wenn es um sehr knifflige Dinge ging, ohne es meinem Chef vorher zu verklickern. Das hieß, ohne den vorgeschriebenen Dienstweg einzuhalten. Ich ersparte mir manchmal dadurch viel unnötige Arbeit, die immer vor einer Vorlage bei der OFD gemacht werden musste.

Ab nun schrieb ich die Richtsprüche grundsätzlich selbst. Waren sie auch manchmal etwas holperig, so halfen sie aber doch immer, die Bau-Sache locker abzuschließen und die Bauherrschaft wieder zu versöhnen.

1.02 ÜBERGABE VERWALTUNGSBAU

Die nächste Bauübergabe an das Psychische Krankenhaus in Zwiefalten war der Verwaltungsbau. Um die Einweihungsfeier, die vom PLK ausgestattet wurde, etwas locker zu gestalten hatte ich mich wieder einmal hingesetzt und ein paar Zeilen aufgeschrieben und trug sie hier nun vor:

Verwaltungsbau-Übergabe

Versammelt haben wir uns heute,
um an die PLK-Verwaltungsleute

zu übergeben dies sanierte Haus,
aus dem die Bauleut` grad` sind raus.

doch - wozu war der Umbau nötig,
war bisher schon Verwaltung tätig.

Erlaubt mir jetzt von dieser Stelle
einen Rückblick auf die Schnelle.

1880 wurd` dies Haus erstellt,
Zellenbau und Kesselhaus dazu gestellt.

Albert von Boog, so hieß der Architekt,
der dies Gebäude ausgeheckt.

Für damals war es groß und fein,
Küche, Lager, Verwaltung passten rein.

Vor Jahren schon stellt sich heraus,
zu klein ist das Verwaltungshaus.

Der einst`ge Stil, der ist veraltet,
auch hier wird jetzt viel mehr verwaltet.

Computer brauchen Platz und Raum,
nach neuen Konzepten war zu schau`n.

Mittelgang löst dies Problem,
beidseits gäb`s Räume recht bequem.

Doch da kam dann die Denkmalpflege,
uns Planern tüchtig in die Quere.

Solch Eingriff in das Baugefüge,
verschaffte uns `ne dicke Rüge.

Anbau im Hof, war dann die Idee,
das tat jedoch dem Innenhof recht weh.

Zwar war der Plan zierlich und fein,
jedoch der Innenhof dazu zu klein.

Auslagern, war nun die Devise,
wohin - wohl auf die grüne Wiese?

Umsonst war`n leider alle Plagen,
jeder Plan hat sich zerschlagen.

Viel Schreiber und Papier verbraucht,
doch keine Lösung, die was taugt.

Jedoch ein Ansatz blieb uns noch,
nur wären da die Kosten hoch.

Wir müssten in die Tiefe gehen,
damit der Anbau nicht zu sehen.

Rohrkanal und Aktenraum
als Tiefkeller zusammen erbau' n.

Diese Lösung fand recht viel Gehör,
das PLK war schon lang` dafür.

Ein Problem war nicht bedacht,
was wohl das Grundwasser hier macht.

Nach Aushub stand es unten im Archiv,
nicht abgepumpt - etwa knietief!

Die Pumpen mussten ständig laufen,
sonst würde alles hier absaufen.

Dazu musste Tag und Nacht,
ständig die Baustelle bewacht.

hier mussten schnell wir fertig bauen,
um einen Auftrieb vor zu bauen.

Dann gab es da noch ein Problem,
das war gar nicht zu überseh`n.

Im Erdgeschoss war die Sicht,
in den Büros nach außen schlecht.

Zwei Stufen höher kam der Boden,
schon sah man raus - genau wie oben.

Die Planung stand, man glaubt es kaum,
es fehlt noch ein Besprechungsraum.

Ne` Lösung gab`s - nur sehr gewagt,
Die OFD ihr Ja-Wort sagt.

Dazu wurd` grünes Licht gegeben,
die Denkmalpflege war nicht dagegen.

Die Durchfahrt für Krankenwagen,
dient künftig zum Hocken und Tagen.

Nachdem nun alles schien ersonnen,
wurde der Umbau auch begonnen.

Geschwindigkeit war nicht zu entfalten,
galt`s den Bestand schonend zu erhalten.

Möcht` nicht im Einzelnen erwähnen,
wie hier nach Statik und nach Plänen,

Gewerkelt wie die Brunnenputzer
nach altbewährtem schwäb`schen Muster.

Und dann, so etwa in der Mitte,
der Vor-Ort-Bauleiter kam mit `ner Bitte.

Herr Claus wollt einfach uns verlassen,
um künftig seine Rente zu verprassen.

Im Amte gab`s keinen Ersatz,
ein freier Architekt übernahm den Platz.

Herr Bosch die Aufgabe begehrte,
den Werkern bald das Fürchte lehrte.

Täglich zehn Fax war sein Rekord
und harte Worte noch vor Ort!

Manchmal war`s nötig in der Lage,
denn Ärger gab es fast alle Tage.

Bis Frühstück war manch Werker dort,
dann zog er wieder heimlich fort.

Auch andre Bauherrn wollten ihn,
auf ihrer Baustelle einmal seh`n.

Das Schlimmste ist das liebe Geld,
wenn es am Ende einem fehlt.

Manch Angebot bracht uns in Not,
von 0 und bis zum Höchstgebot!

Richtschnur ist die HU-Bau!
Übertritts du sie, macht dich zur Sau,

dein eig`ner Amtschef- und mit Recht,
hast du dich doch darauf verpflicht´t.

Doch ohne Nachtrag ging`s hier nicht,
so ein Umbau hat`s halt in sich.

Insgesamt hatt`n wir `s im Griff,
fast keine Arbeit ging uns schief.

Doch nun nach jahrelanger Plage
die einzige noch off´ne Frage:´

Haben wir es wirklich recht gemacht
dem PLK, der Bauherrschaft?

Von uns´rer Seite möcht` ich sagen,
wir alle unser Bestes gaben.

Vermisst ihr hier in der Verwaltung
ne freche, modische Gestaltung,

bedenkt, so`n ehrwürdig` Gemäuer,
es verträgt nicht Pop noch Power.

So - ich komme nun zum Ende,
füllen könnte ich noch Bände.

Sollt` ich Wichtiges vergessen haben,
stell` ich mich gerne Euren Fragen.

Die Bauherrschaft - sie soll nun leben,
füllen soll sie das Haus mit neuem Leben.
Georg Papke

Nach ein paar Tagen bekam ich die
monatlich Hauszeitschrift **INTERN** des
PLK von der Chefsekretärin mit einem
Schmunzel zugesteckt. Da hatten sie
doch meine ganze Rede abgedruckt
Mir schien, es sollte ein Dank sein.

1.03 ÜBERGABE FORSTAMT ZWIEFALTEN.

Dann stand die Übergabe des Forstamtes in Zwiefalten an. Auch hier hatte ich einige Umbauten und eine gründlich Sanierung durchgeführt.

Mit viel Mühe und Geduld auf beiden Seiten gelang alles zufriedenstellend. Zum Abschluss gab es natürlich wieder eine Übergabe und von mir wieder ein paar Verse:

Übergabe Forstamt Zwiefalten

Es freut mich, kann ich jetzt sagen,
was sich so alles zugetragen.

Vermitteln möcht` ich manch Problem,
das von außen gar nicht zu sehn`.

Auch möcht` ich, dass ihr nun erfahrt,
dass unser Job ist manchmal hart.

Saniert hab`n wir zwei Jahre fast,
für euch war das `ne große Last.

Ohne Auszug war`s nicht zu schaffen,
weil größ`re Dinge war`n zu machen.

Doch wozu war der Umbau nötig?
Immer war hier das Forstamt tätig.

Der Grund ist überall zu sehen,
PC`s jetzt an jedem Platze stehen.

Der hand-made-Stil der ist veraltet,
modern wir jetzt hier forstverwaltet!

Im EG war es zu beengt,
an jeder Ecke hat`s geklemmt.

Das OG stand zur Disposition,
Herr Deibler ging jetzt in Pension.

Ein kleiner Umbau sollt`s nur sein,
schnell fertig, billig und doch fein.

Der erste Plan ging davon aus,
EG und OG reichen aus.

Doch da erklärt Herr Franz mit Recht,
Wohnung verkleinern ginge schlecht.

Die Forstdirektion dies auch bestätigt,
so wurden wir erneut gleich tätig.

Wo war noch Platz in diesem Haus?
Der Keller schied natürlich aus.

Er ist recht für Mooooscht und Flaschen,
für Büros würde er nicht passen.

So blieb nur noch der Dachstuhl übrig,
doch dieser Aufwand war nicht niedrig!

Alles, war hier schief und alt,
außerdem noch affenkalt!

Es fehlte auch natürlich am Licht,
ohne geht es in Büros ja nicht.

Gauben wurden streng gesetzt,
damit die Denkmalpflege nicht verletzt.

Böden Decken Wänd` erneuert,
hat die Sache schwer verteuert.

Wärmedämmung, Heizung rein,
diese Dinge mussten halt sein.

*Denn gegen Kälte hilft ja nur
eine angenehme Temperatur.*

*Allen wollten wir`s recht machen,
mit keinem uns dabei verkrachen.*

*So fand am Ende doch bei allen,
unser letzter Plan Gefallen.*

*Doch, bei Aufstellung der Kosten,
verging schnell alles Hoffen.*

*Das Geld ist knapp im ganzen Land,
das ist wohl allen hier bekannt!*

*750.000 das ist klar,
mehr hier nicht zu haben war.*

*Fertigmachen schnell und fein,
doch keine Mark darf`s drüber sein!*

*Überziehst du nämlich, dann gib acht,
dann gibt es einen Riesenkrach!*

*Dein Amtschef Dir dann nicht verhehlt,
dass Du nicht zu den Guten zählst.*

Dabei gesellt` sich dann im Nu,
noch manche Nachforderung hinzu:

Der Brandschutz z. B. fand raus,
die Brandwand reiche so nicht aus.

Der ob`re Lauf im Treppenhaus
schied auch aus Altersgründen aus.

Dazu der Tank im Keller noch
hatte ein unerwünschtes Loch!

Auch durch die Statik kam im Nu,
noch mancher Tausender hinzu.

Es wurde hin - und - her jongliert,
x mal die Kosten reduziert!

Es kam einfach zu viel heraus,
zu teuer wurd` das ganze Haus.

Allen wurde dabei deutlich klar,
dass irgendwo zu sparen war.

Im Bauamt gab`s nun ein Problem,
so mancher wollt` in Rente geh`n.

Wer sollt die Bauleut` überwachen?
Ohne Bauleitung wär`s nicht zu machen.

Büro Schönle uns zur Hilfe kam,
Werkplanung und Bauleitung übernahm.

Herr Haberbosch von früh bis Nacht,
die Baubetreuung hat gemacht.

Mit sanftem Donnern und Geschick,
dazu gemixt ein wenig Glück.

Dies war vor Ort tatsächlich nötig,
damit der Bau wurd` pünktlich fertig.

So mancher Schlamper schlich sich ein,
eingeschenkt wurd` REINER WEIN!

Zum Schluss blieb übrig ein Problem,
für das wollt` keiner gerade steh`n.

Herr Fanz meint, dass der Boden knarrt!
dagegen blieb das Bauamt hart.

Kein Geld ist jetzt für solche Sachen,
das könnte man auch später machen.

Bei uns im Bauamt , geh`n sie hin,
liegt ganz genau so`n Boden drinn.

Die Direktion konnt` nichts erreichen,
man ließ sich bei uns nicht erweichen.

Bei einer Übergabe kam die Wende,
mein Cheh erhob gleich beide Hände.

Ich glaub` er hat da wohl gespürt,
dass mancher Lauf auf ihn gezielt!

Der Kompromiss, der hieß nun schlicht,
das Dachgeschoss gibt`s vorerst nicht.

Doch auch das Forstamt, muss ich sagen,
hat manches dazu beigetragen.

Nun war`s ein Wettlauf mit der Zeit
denn inzwischen war`s schon spät.

Die letzten Bauleut Mühe hatten,
sich beinah` auf die Füße traten.

Ende November war`s dann so weit,
es wurde langsam höchste Zeit!

Doch da hat die Liegenschaft,
den Termin einfach verpasst!

Ohne Vertrag könnt es nicht sein,
dass Herr Franz oben zieht ein!

Fast sahen wir schon das Problem, der
Weihnachtsbaum müsst draußen stehn.

Am Schluss von dem Beamtenkrieg,
hat doch noch die Vernunft gesiegt.

Nun bleibt jedoch die Frage noch,
was wird denn mit dem Dachgeschoss?

Klar, wenn noch übrig ist vom Geld
wird auch dieser Wunsch gestillt.

Am Ende möcht` ich nun hoffen,
dass keine Wünsche blieben offen.

Zuletzt wünsch` ich den Fortsamtsleut`
für künftig eine "Gute Zeit"!

Georg Papke.

1.04 ÜBERGABE VERMESSUNGSAMT TÜBINGEN

Die Arbeiten für das PLK Zwiefalten lagen nun in den letzten Zügen. Das hieß aber nicht, dass ich keine Arbeit mehr hatte. Inzwischen musste ich mich um die JVA Tübingen und um das Vermessungsamt in Tübingen kümmern. Endlich stand das Vermessungsamt nun vor der Übergabe. Und ich überlegte mir wieder ein paar Zeilen dazu:

Gedanken zur Übergabe

Sanierung hieß das Zauberwort,
sollt` helfen auch an diesem Ort.

Dachziegel und Farbe sollten ersetzt,
das Andre nur instand gesetzt.

Ein wenig Nutzungsänderung im Dach,
sollten dabei gleich mal mit gemacht.

Das Haus erscheinen sollt` wie neu,
damit Herr Roth sich wieder freu`.

Sparen hieß es, wie anderswo,
von diesem Wort träumte ich schon!

Es wurde geschoben und gedrückt,
745.000 - mehr wurd` nicht rausgerückt.

Zu koordinieren gab es viel,
schnell fertig werden war mein Ziel.

Noch fremd war`n mir die Firmen hier,
die Alb war 25 Jahre mein Revier.

Doch war mir leider nicht bekannt,
das Tempo auf dem Baurechtsamt.

Der Sommer kommt, das Frühjahr geht,
nur die Baufreigabe fehlt.

Nach sanftem Druck per Telefon-
kam die Genehmigung dann schon.

Es passte genau, wie konnt`s anders sein,
der Start fiel in die Bauferien rein.

Der Rohbauer hat zugesagt,
der Abbruch wird alsbald gemacht.

Ein Subunternehmer von der Alb
kam wirklich wie versprochen bald.

Auch der Dachdecker ist zur Stell`,
Nimmt Ziegel runter rasend schnell.

Schon ist der Zimmerer dabei,
macht das Dachgebälk ganz frei.

Da offenbart sich ein Problem,
dem muss man schnell zu Leibe gehn.

Im Hohlraum unter`m Dache ist
ein Wespenvolk mit seinem Nest!

Ein Spezialist hat mit Bedacht,
die Tierchen in den Wald gebracht.

Wo ein Problem ist, da kommt im Nu,
ein zweites meistens schnell hinzu.

Die Wespen nicht die Einzigen waren,
die über den Dachstuhl hergefallen.

Trotz Holzschutz, gemacht vor Jahren,
die Holzwürmer wieder fleißig waren!

Was den Statiker noch mehr schockiert:
zu knapp das Holzwerk dimensioniert!

Abstände zu groß, Sparren zu schwach,
desolat das ganze Dach!

Es wurd`gerechnet und geprüft,
ob bei den Kosten noch ist Luft.

Kurzum verglichen, war nicht schwer,
es muss ein neuer Dachstuhl her.

Trost war, die halben Kosten kamen rein,
weil wir Wurmbehandlung sparten ein.

Lange ich dann mit mir ringe,
wie ich Herrn Roth die Botschaft bringe.

Was sagt der Hausherr, wird er`s verdaun
wenn wir das halbe Haus abbaun?!

Herr Roth trägt aber ganz gefasst,
die auf ihn zukommende Last.

Schnell die Räume leer gemacht,
wenig Verzug hat`s nur gebracht.

Kaum offen ist das ganze Dach,
schon wird es stark von oben nass.

Bald steigert sich`s zum Wolkenbruche,
kein Wunder, dass ich heimlich fluche.

Damit des Amtes Pläne nicht verdrecken,
muss man `ne Plane drüber decken.

Natürlich ist die nicht für "Nass",
der Zimmermann will ordentlich cash.

Wer glaubt, es gibt nur den Eklat,
kennt nicht des Bauamtes Etat.

Anfang des Jahres man uns hetzt,
bremsen muss Frau Baur jetzt.

Kein Geld mehr auf dem Titel kommt,
Baustopp gibt es für alle prompt!

Nachdem noch manches sollt`hinzu
kam meine Amtsleitung auf den Clou:

`nen Sammeltitel machen wir auf
und hauen alle Kosten drauf!

Beim Bauen immer wichtig ist,
man ist und bleibt ein Optimist.

Los ging`s jetzt mit doppelter Kraft,
Damit der Zeitverlust wird wett gemacht.

Der Statiker fast über Nacht,
`nen neuen Plan für uns gemacht.

Jetzt konnte man die Bauleut sehen,
wie schnell sie dort zu Werke gehen.

Mit Kettensäge, rasend schnell,
die Zimmerleute sind zur Stell`.

altes Holz zerlegte und weggeschafft,
die Holzwürmer haben schön gegafft!

Nur wenig Tage sind vergangen,
der neue Dachstuhl hat gestanden.

Dann war`s ein Wettlauf mit der Zeit,
denn das Jahresende war nicht weit.

Leider war der Gipser lahm,
zu langsam in die Gänge kam.

Halbfertig die Fassade war,
schon war der harte Winter da.

Stehen bleiben musste das Gerüst,
was stets besonders peinlich ist.

Doch leider war Euch nicht bekannt,
dass ich noch anderes tat im Amt.

Da war der Nachlass von Zwiefalten,
den ich bis dahin musst` verwalten.

Froh, los zu sein das PLK,
hatt`ich am Hals die JVA.

Ich fürchterlich in Zeitnot kam,
kaum ich den Jahresurlaub nahm.

Die Hilfe, die mir avisiert,
sie wurde nicht realisiert.

Der Helfer wurde plötzlich krank,
vier Monate im Krankenstand.

So wurde von der Bauherrschaft,
die Bauleitung fast selbst gemacht.

Am aktivsten hier Herr Motzer war,
machte manchem Handwerker klar,

welch`Qualität wird akzeptiert,
sonst muss toujour nach repariert.

Der Maler, ein Ein-Mann-Betrieb,
hier ganz besondre Blüten trieb.

Das meiste konnte ich beheben,
nun wird das Bauwerk übergeben.

Obwohl- man kann`s nicht übersehen,
Treppe und Haustüre immer noch fehlen.

Das liegt am Schreiner, der zwar fein,
doch Termine hält er niemals ein.

Wenn dann die neuen Schilder dran,
sich jeder orientieren kann,

und der Boden überall neu,
wird sich der Bauherr sicher freu`n.

Ein and`rer wird Euch nun begleiten,
so langsam werde ich entgleiten.

Denn ganz sicher ist schon jetzt,
ich werd`in den Ruhestand versetzt.

Dank sagen möchte ich nun heute
Euch hier allen Vermessungsleute.

Ihr wart`ne gute Bauherrschaft,
für Euch habe ich hier gern geschafft.

In diesem Sinne -liebe Leute,
erhebe ich mein Glas für heute.

Glück und Segen wünsch ich Euch
Erfolg bleibt dann sicher nicht aus.
                          G. Papke

2.00 FÜR EINE KOLLEGIN
2.01 JAHRGANG 32

Natürlich brach im ganzen Amt eine Art Euphorie aus. Nachdem ich zu bestimmten Anlässen Verse vorgelesen hatte.Und als Folge kam eine Kollegin zu mir, um mich um Hilfe zu bitten.

Sie hätte bald ein Treffen ihrer alten Schulkameraden, da hätte sie gerne etwas vorgetragen. Nur leider könne sie nicht so geschickt reimen. Und nachdem sie meine Sprüche und auch Richtsprüche gelesen hatte war sie total begeistert. Ob ich ihr nicht auch ein paar Reime schreiben könnte?!

Etwas missmutig stimmte ich ein, denn ich hatte ja zu der Geschichte keinerlei Beziehung. Und dann wird es schwierig. Ich ließ mir trotzdem von ihr einige Anhaltspunkte geben, versprach aber nichts. Übers Wochenende setzte mich hin und schrieb etwas zusammen. Begeistert war ich nicht, denn es war für mich ja alles fremd, was ich dort schrieb. Am Montag las ich ihr dann in einer Pause vor, was ich zusammen gekritzelt hatte und sie war begeistert:

Jahrgang 1932
50 Jahre sind verronnen,
seit wir auf diese Welt gekommen.

Liegen auch die Zeiten fern,
erinnere ich mich doch noch gern,

an gemeinsam verbrachte Stunden,
in ernsten und in frohen Runden.

Wenn ich die Gedanken schweifen lasse,
durch unsre damalige Klasse,

so fällt mir ein so mancher Spaß,
den ich bis heute nicht vergaß.

In Klasse eins- als wir begonnen,
haben wir `ne Lehrerin bekommen.

Wie war es da mit ihr denn doch noch,
lief sie nicht gern Soldaten nach?

Blond war sie- hat Hübsch geheißen,
da ist es ja auch zu begreifen.

Dann fällt mir noch Herr Schnitzler ein,
wie kann es denn auch anders sein.

Zwar war er immer ernst und strenge.
Gelernt hat man bei ihm `ne Menge.

Uns beizubringen möglichst viel,
speziell im Rechnen - war sein Ziel.

Steckenpferd, erinnert Ihr Euch nicht,
war doch wohl der Wehrmachtsbericht.

Diktieren konnt er Stund um Stund,
ohne Komma, ohne Punkt!

Hat nach seiner Meinung wer verfehlt,
wurde gleich was hinten drauf gezählt.

Ob Hosenspanner oder Tatzen,
er konnt` einem schon den Tag verpatzen.

Auch warn im Schulbus unentbehrlich,
Herr Albert, Kimmerle und Ehrlich.

An eines ich mich noch entsinn,
Frau Currlin hieß die Lehrerin.

Ganz gerne sie am Ofen stand,
das Samtkleid wär` fast mal verbrannt.

Drum mussten ständig wir drauf achten,
keinen Schaden nahmen ihre Sachen.

Erinnre ich mich noch zum Schluss,
an die, die uns verlassen musst.

Pädagogik war schon ihre Stärke,
da merkte man gar keine Härte.

Theater ich als Stichwort nenne,
ich glaub, dass sie jetzt jeder kenne.

Gespielt mit uns so manches Stück,
wer denkt da nicht noch gern zurück.

Richtig - die Frau Rülke wars,
die mit uns macht` manchen Spaß.

Noch manches gäbs zur Schul` zu sagen,
braucht euch doch nur selbst zu fragen.

Doch wie könnt`s auch anders ein,
fällt mir noch der Herr Pfarrer ein.

Den Konfi-Unterricht, wie sich`s geziemt,
Herr Pfarrer Hirsch in Würtingen hielt.

Gingen wir nach Abschluss heim,
gab`s ständig Bubeleien.

Das dem Pfarrer sehr missfiel
und er hatte nur ein Ziel,

abzustellen die Zänkerein,
prompt fiel ihm dazu auch was ein:

Zuerst ließ er die Mädchen gehen
und wenn die gar nicht mehr zu sehen

dann durften erst die Buben raus,
damit sie gehn allein nach Haus.

Denkt ihr auch noch an die Zeit,
wenn es draußen hat geschneit

und wir ohne Unterlass
Schlitten fuhren auf der Gass?

Spiegelblank die Straßen waren,
wenn wir alle sind gefahren.

Schnell der Büttel kam gesaut
und hätte gerne jeden verhaut.

Im Nu war dann die Straße leer
Er schaute nur dumm hinterher.

Gern denk ich auch noch an die Zeit,
als wir tanzten, eng und zu zweit,

in Lonsingen , weg von zu Haus,
im gut besuchtem Schützenhaus.

Ja, so mancherlei Geschichten,
gäb es noch zu berichten.

Schön war die Zeit - sie ist vorbei,
nun gilt das Heut - wie es auch sei.

So sage ich denn nun zum Schluss
in alles man sich fügen muss.

50 Jahre Stress und Fleiß,
welches war dafür der Preis?

Fiel es auch schwer, es ist geschafft,
mit eig`ner oder fremder Kraft.

Ein jeder steht heut` seinen Mann,
schaut man sich unsre Runde an.

Kein einziger Gammler ist dabei,
das ist doch Grund ,um stolz zu sein.
                              von Georg Papke

3.00 UNSERE FAMILIE

Immer wieder gab es Anlässe, zu denen Verse vorgetragen wurden. Ich bewunderte die Leute, weil sie einen großen Einfall damit bewiesen. Ich selbst hatte mich ja auch schon einige Male versucht. Allerdings immer nur zu beruflichen Anlässen.

Jetzt gab es bei uns in der Familie auch einen entscheidenden Anlass und ich war versucht, darauf ein paar Verse zu schreiben. Es war die Geburt unseres ersten Sohnes. Der Anlass war es mir wert. Die Verse zu Richtfesten und für andere machten mir Mut.

Sicher erkennt man den stümperhaften Anfänger in den Versen. Aber das war mir egal. Schließlich ist noch kein Meister vom Himmel gefallen!

Mit der Zeit, dachte ich, würde ich vielleicht sogar etwas Routine bekommen.

3.01 GÖTZ; DER ERSTE SOHN

1968 war es dann so weit und das erste Kind sollte im April auf die Welt kommen. Gemeinsam besuchten wir Wickelkurse, um uns beide auf die neuen Aufgaben vor zu bereiten. Meine Frau hatte noch hoch schwanger den Führerschein gemacht. So wäre sie dann mobil, während ich arbeitete. Sie fuhr uns auch mehrmals zu den Kursen. Jedoch leider ist sie nach der Geburt niiiiiiiiiiiiie mehr selbst gefahren. Obwohl ich manchmal sehr froh gewesen wäre, wenn sie mich abgelöst hätte. Aber sie hatte immer wieder Ausreden. Dann war es so weit.
Zur Geburt nun ein paar Verse:

Götz, unser erster Sohn
Wunderbar war es schon,
die Geburt des ersten Sohn.

Sein Spitzname war "Apfelsaft",
das klang zwar fremd und fabelhaft,

das hatte aber tief`ren Sinn,
es deutet auf die Ursach` hin.

Ruth klagte am Abend schon,
es würd`ihr heut` nicht gut gehen.

Der Apfelsaft, das war klar,
wohl hier der Übeltäter war.

Dann mitten in der Nacht
ist sie mehrmals aufgewacht.

Der Apfelsaft, der Apfelsaft,
der hat sie um den Schlaf gebracht!

Leise hatt` ich den Verdacht,
habe Notizen mir gemacht.

Tatsächlich stell` ich staunend fest,
immer kürzer wurd `die Frist.

Deutlich musste ich nun sehen,
das waren vielleicht schon Wehen!

So gegen 4 Uhr rief ich dann,
schüchtern ihre Hausärztin an.

"Laaaaangsam - so sind junge Väter.
sind aufgeregter als die Mütter."

Schreiben Sir die Abstände auf,
ich brauch jetzt noch meinen Schlaf!

Dann las ich ihr die Zeiten vor,
Plötzlich war sie doch ganz Ohr.

"Was sagen Sie, wie sind die Zeiten?
dann müssen sie sich vorbereiten!"

Möglichst Ruhe jetzt bewahren,
vorsichtig zur Klinik fahren.

Dazu hat ich das richtige Gefährt,
keins sanfter als die Deesse fährt.
(Citroen ID19)
Dort meinte Ruth noch frohgemut,
ein frisches Bad täte jetzt gut.

"Ab in den Kreissal, aber schnell,
sonst käme hier das Kind zur Welt!"

Tatsächlich, es war höchste Zeit,
bald schon kam der erste Schrei!

Prächtig, der kleine Bub schon war,
3050 g, 50 cm, schwarzes Haar!

Abends schlief er sehr schnell ein,
schlief durch, so sollte es auch sein.

Zum Scherz nur hieß er "Apfelsaft",
er hat uns allen Freud gebracht.

Schnell wuchs er aus Kleidern raus,
leider ging sein Haar auch aus.

Doch bald sah man auf seinem Kopf
einen lockigen und blonden Schopf.

Im November dann schon kam
ganz sichtbar vorn` sein erster Zahn.

Er war für uns der Sonnenschein,
alle Leute schauten gern rein.

Mach weiter so, dann nehm` ich an
bald stehst Du sicher Deinen Mann.

3.02 GÖTZ MIT EINEM JAHR

Interessant war es, das eigene Kind Tag für Tag begleiten zu dürfen. Praktisch erlebte man täglich etwas Neues. Hier ein kleiner Zwischenbericht.

Götz mit 1 Jahr

Götzi nun mit einem Jahr,
fast nicht mehr zu erkennen war.

Viel ist in der Zeit geschehen,
täglich war was Neues zu sehen.

Mit einem Jahr konnt` er schon stehen,
bald darauf dann auch schon gehen.

Die ganze Wohnung war sein Reich,
Anfassen wollte er alles gleich.

Stundenlang konnte er allein
Kataloge wälzen , ohne zu schrei`n.

Nur die Herdplatte war tabu,
verbrennen könnt man sich im Nu.

Fortan er immer Abstand nahm,
doch einmal hat er sich vertan.

Die Fingerspitzen waren verbrannt,
da kam er schreiend angerannt.

Du sieht, nur graue Theorie,
ohne Praxis lernst Du es nie.

Vergessen war`n bald die Schmerzen,
er nahm die Sache sich zu Herzen.

Mit Dreirad und mit sehr viel Schwung,
drehte er in der Wohnung manche Rund.

Er war sicher und gewandt,
keine Schramme dabei entstand.

Mach weiter so, Du kleiner Wicht,
Angst kannte Götz überhaupt nicht.
                          Dein Vater.

3.03 DER ZWEITE SOHN

Nach 3 Jahren stellte sich dann der zweite Nachwuchs bei uns ein. Götz hatten wir gut vorbereitet, indem wir ihm versprachen nun einen Bruder zu bekommen. Dann sei es nicht mehr so langweilig und er hätte jemand mit dem er Fußball spielen könne.

Nicis Geburt

Drei Jahre später wurde klar,
bald ist der zweite Nachwuchs da.

Heute – um 15 vor 8,
hat der Storch ihn uns gebracht.

Nicolai werden wir ihn nennen,
am Namen soll man ihn erkennen.

Das Krankenhaus war überfüllt,
das hat den Nici nicht gestört.

12 ½ Stunden sind verronnen,
seit die Wehen hatten begonnen.

Viel Zeit hat er sich genommen,
bis er auf die Welt gekommen.

Erst nach 2 Tagen Krankenhaus,
durften beide dann nach Haus.

2900 g war sein Gewicht,
und auch recht klein war unser Wicht.

Grad` 51 cm hat er gemessen,
vielleicht holt er es auf beim Essen?

Am Anfang schien er immer müde,
meist` schlief er oder guckte trübe.

Mit der Ruh war`s nun vorbei,
oft hörte man auch sein Geschrei!

Es schien, als liefe alles falsch,
er brüllte meist aus vollem Hals.

Weder Musik, noch warme Töne,
nichts half den Schreier zu versöhnen,

Bei Götz bewirkt ein Schoppen Wunder,
Nici bracht erst gar nichts runter.

Für`s Essen hatte er gar keinen Sinn,
oft spuckte er alles gleich wieder hin.

Es war einfach nichts zu machen,
nach 2 Monaten sein erstes lachen.

Am meisten war wohl Götz enttäuscht,
hat sich `nen Bruder nur gewünscht,

um mit ihm richtig Fußball zu kicken,
stattdessen sah er ihn nur ein nicken!

Mama hat er manchmal veräppelt,
Trotzdem hat sie ihn auf gepäppelt.

Langsam, wuchs er nach und nach
und seine Augen wurden hellwach.

Mit der Zeit, da wurde ganz klar,
er unser zweiter Sonnenschein war.

3.04 GÖTZ MIT 3 JAHREN

Hier ein kleiner Zwischenbericht nach drei Jahren. Wir bewohnten zu dem Zeitpunkt eine 4-Zimmer-Wohnung in einem Hochhaus im 6. Stock.

Götz mit 3 Jahren

Götzi nun schon 3 Jahr,
mächtig er gewachsen war.

Täglich er was Neues tat,
prächtig er sich entwickelt hat.

Um besser noch mobil zu sein,
wäre jetzt ein Fahrrad sicher fein.

Ein Bonanza-Rad ihm sehr gefiel,
es zu besitzen war sein Ziel.

Das Taschengeld dafür zu klein,
der Weihnachtsmann sprang da dann ein.

Doch es zu fahren ist nicht leicht,
mit viel Müh` hat er`s erreichst.

Manch Runde abends dann,
schwitzend ich hinter ihm rann.

Ab 71 waren sie dann zu Zweien,
es stellte sich ein Bruder ein.

Nici im May kam auf die Welt,
hat sich heimlich zu uns gesellt.

Urlaub machen in diesem Jahr,
deshalb von allen Wunsch nur war.

Dabei tät` er uns allen sicher gut,
besonders aber auch der Ruth.

Sie meint`, würde ich es wagen,
könnt ich allein mit Götzi fahren.

Zu Hause bleiben war ihr Los,
dafür war sie uns beide los.

Konnt` ich es wirklich wagen
allein mit ihm in Urlaub fahren?

Wer nicht wagt, der nie gewinnt
wir packten ein alles geschwind.

Camping in Tiegring machte Spaß,
dazu schien dort die Sonne heiß.

Sonnenschutz musst` täglich sein,
jeden Tag cremt ich ihn ein.

Außerdem trug er `nen Hut,
rot stand ihm besonders gut.

Auch einen Stausee gibt es hier,
Drin und drum mit viel Getier.

Briefträger Rudi, täglich Gast,
macht immer hier `ne kleine Rast.

Völlig verstaubt kommt er meist an,
deshalb zuerst ein Bad er nahm.

Dann zog er los von Zelt zu Zelt,
hat jedem die Sendung zugestellt.

Bei Kindern ist er sehr beliebt,
er sich auch sehr viele Mühe gibt.

Mit Boot er über`n See gern fuhr,
die Kinder auf Entdeckungstuor.

Volleyball spielte stets ich gern,
doch dann war Götzi ganz allein.

Stand am Spielfeld, quengelte rum,
"Mutter soll sich kümmern drum!"

"Grad das ist das Problem für mich,
die Mutter nämlich - die bin ich!"

Endlich war das allen bekannt,
ich nun viel Unterstützung fand.

Die Pfarrersfrau gleich neben an,
bot mir zuerst die Hilfe an.

Es würde, ohne zu übertreiben ,
täglich Essen für uns übrig bleiben.

Diese Abhängigkeit war mir zu viel,
Selbstständigkeit war doch mein Ziel.

Am nächsten Tag mit sehr viel Müh,
zauberte ich ein ein ganzes Menü.

Ich hatte alles eingekauft, sie sah,
dass ich sie nicht mehr braucht.

Die andren Nachbar nebenan,
kamen etwas lädiert hier an.

Mutter, Tochter und der Sohn,
der fuhr das Gespann auch schon.

Bedacht hatten sie leider nicht,
es kommt an auf das Gewicht.

Hinten schwer, vorne zu leicht,
das Gespann zum Übersteuern neigt.

Aus der Balance kam das Gespann,
auf einem Acker landeten sie dann.

Zum Glück war niemand verletzt,
Hat allen nur `nen Schreck versetzt.

Nicht lustig war`s , eher zum Weinen,
doch alle kamen wieder auf die Beine.

Die Nachbarschaft, die war sehr nah,
jeder nach dem anderen sah.

Spontan ein "Kindergarten" entstand,
dabei Götz schnell gute Freunde fand.

Das war für mich Entlastung pur,
So fand ich wieder in die Spur.

Und abends gingen alle dann,
Zu Bauer Schütz, gleich nebenan.

Ein Glas Moooscht aus seinem Keller,
kostete nur 30 Heller.

So wurde dieser Urlaub dann,
schön für uns beide, Kind und Mann.

Braun gebrannt, mit Kraft geladen,
sind wir wieder heim gefahren.
                        G.Papke

3.05 GÖTZ MIT 6 JAHREN

Schnell verging die Zeit und Götz steuerte auf die Einschulung zu. In Reutlingen wurde gerade eine Privatschule, die FREIE EVANGELISCHE SCHULE gegründet. Nach genauer Information und einem Eignungstest meldeten wir Götz dort an.

Auch für den Antransport war schon gesorgt. Dazu hatte man ein Busunternehmen für günstige Konditionen von der Alb gewonnen.

Götz zum 6. Geburtstag

Wie im Flug verging nun die Zeit,
jetzt kam für ihn die Grundschulzeit.

Die FES, die war für ihn
gut zum Lernen und Erzieh`n.

Das Lernziel, das war nicht leicht,
nicht alle haben es ganz erreicht.

Ihm aber machte es viel Freud,
lernt auch kennen neue Leut.

Der Schulbus von der Firma Binder,
sammelte ein alle Schulkinder.

Um aber schneller hin zu kommen,
hat er ein neues Rad bekommen.

Nur die Regeln mochte er nicht,
hätte gern auf sie verzicht`.

Eines Tages kam er dann,
schiebend wieder zu Hause an.

Ein Nagel, war bald ausgemacht,
hat den Reifen um die Luft gebracht!

Gemeinsam, Du wirst sehen,
geh`n wir nun an hier das Problem.

Wie es geht, schau sehr gut zu,
nächstes Mal flickst nämlich Du.

Gesagt, getan, er hat geschickt,
das nächste Loch allein geflickt.

Sport war sein Lieblingsressort,
da machte keiner ihm was vor.

Nur an Fußball hat er wenig Spaß,
lieber stieg er ins kühle Nass.

Ging regelmäßig zum schwimmen,
sie konnten manchen Preis gewinnen.

Mit Lernen, Sport und auch mal helfen,
waren wir gemeinsam unübertroffen.

So verging ganz schnell die Zeit,
zum Lernen war er stets bereit.

Auch sah er oft bei Arbeiten zu,
täglich lernte er so etwas dazu.

In Geschicklichkeit und Fleiß,
geb` ich ihm den ersten Preis.

Was Du so lernst für Dein Leben,
das kann keiner Dir mehr nehmen.

Mach weiter so, Du kleiner Mann,
man nie genügend lernen kann.
Dein Papa

3.06 NICI NACH 11 JAHREN

Nicis 11. Geburtstag war wider mal
Anlass, ein paar Zeilen zu schreiben.

Nici zum 11. Geburtstag

Schaut her, schaut her, Ihr lieben Leut`,
11 Jahre wird mein Sohn erst heut.

Und schon ist er ein richt´ger Könner
auf manch` Gebiet `ne große Nummer.

Vor einem Jahr zum Gauturnfest,
stand er auf dem Siegespodest.

Auf Trick-Ski ist er einsame Spitze,
er macht damit die größten Trickse.

Auf unserm alten Urlaubsrad,
ist er der reinste Akrobat.

Auch tauchen kann er weit und lang,
den Zuschauern wird`s Angst und bang.

Mit 9 fuhr er schon Motorrad,
so mancher da gestaunet hat!

Die Buchführung ist auch ein Fach,
worin ihm keiner macht was nach.

Im Reden ist er unübertroffen,
wenn man ihn hört, wird man besoffen.

Und Scherze macht er wie ein Clown,
da muss ein Jeder nur so staun`n.

Auch gibt es Sachen, die ihn stören,
die kann er einfach überhören.

Das Essen lässt er gerne steh`n,
er schont damit die „Gummizähn`".

Dafür kann man ihn trinken sehen,
bis seine Strümpfe Wasser ziehen.

Der Schlaf ist morgens heilig ihm,
rütteln muss man ihn und ziehen.

Fernsehen tut er furchtbar gern,
lieber als für die Schule zu lern`n.

Zwar macht die Schule nicht viel Spaß,
und trotzdem ist er da ein Ass!

Besonders gut ist er in Mathe,
stets er die richt`ge Lösung hatte.

Vokabeln lernt er wie im Schlaf,
dagegen bin ich grad` ein Schaf.

Sein neues Hobby ist der Reim,
Ihm fallen ständig Verse ein.

Und will er grade mal nicht dichten,
erzählt er selber sich Geschichten.

Von Pumuckel und Schweinchen Dick,
von Rotkäppchen und Hans im Glück.

Ich wünsch, Gott mög` ihm geben,
noch viele schöne Jahr` im Leben.

Dass er noch manches lernen kann
und steh`n im Leben seinen Mann.
                              Dein Papa.

3.07 NICI MIT 13 JAHREN

Natürlich hatte ich damals auch genug Aufgaben in der Familie. Heute frage ich mich manchmal, wie ich alles auf die Reihe bekommen habe. Aber damals war ich eben noch jung und flexibel.

Die Kinder wuchsen heran, ehe man es sich versah und wurden anspruchsvoller.

NICI MIT 13 JAHREN
Vor 13 Jahren – um 15 vor 8,
der Storch den Murkel hat gebracht.

Ganz schön Zeit hat er sich genommen,
bis er ist auf die Welt gekommen.

Seine Entwicklung war rasant,
er den Vergleich glorreich bestand.

Essen konnt ihn nicht begeistern,
Dafür trank er wie ein Meister.

Spielen konnten sie nun zu zweit,
und wie im Flug verging die Zeit.

Langsam wuchs er nach und nach
und seine Augen wurden hellwach.

Glaubt mir nur, ihr werdet sehen
seinen Mann wird er bald stehen.

Im Sport hat er`s Götz nachgemacht,
und manch' Medaille heim gebracht.

Turnen , ja das war sein Reich,
da machte es ihm niemand gleich.

Zwar war er immer noch der Kleine,
und hatte dazu noch krumme Beine.

So wurd` aus Krummbein und Penner
mit der Zeit ein richtiger Renner!

Wer wenig isst, hat`s im Leben leichter,
im Rennen war er bald ein Meister.

Darin war er ganz große Spitze,
ständig sah man ihn nur flitzen.

Weshalb er zur Leichtathletik kam,
an vielen Wettbewerben er teil nahm.

Manch Medaille oder auch zwei,
auf dem Podest war meistens er dabei.

Mit knapp 6 durft` er zur Schule gehen,
In der Schulbank fast nicht zu sehen.

Den Test konnte locker er bestehen,
das wollte Mama gar nicht verstehen.

Mathe lernte er sehr leicht,
das haben die Noten stets gezeigt.

Nicht groß der Zug in die Schule jetzt,
der Stress zu groß, man wird gehetzt.

Gern würd er sich zur Ruhe setzen,
statt täglich in die Schule wetzen.

Von Hobbys träumt er und Reisen,
die Schule könnte glatt verwaisen.

dazu fehlt leider Zeit und Geld,
um hinaus zu ziehen in die Welt.

Der Grundstein muss erst mal gelegt,
bevor man dann nach höherem strebt.

Musst noch die Schulbank drücken
und füllen Deine Bildungslücken.

Zum Reisen kommt dann auch die Zeit,
Das Ziel ist gar nicht mehr weit.

Jeder fing mal ganz klein an,
mach weiter so – Du kleiner Mann!
                    Dein Papa.

3.08 UNSER GROSSER KLEINER

29 Jahre ist unser jüngster Sohn nun bald. Wie schnell doch die Zeit vergeht. Viel ist inzwischen passiert. Er hat sein Studium abgeschlossen. War ein ganzes Jahr in Australien und Südafrika unterwegs, um seine Englischkenntnisse aufzufrischen. In Südafrika machte er sogar ein Praktikum in einer Firma und studierte ein paar Monate Chemie in Durban.

NICI zum 29.Geburtstag

Grad mal 50 cm war der kleine Wicht,
natürlich auch kein Schwergewicht.

So erblickte der kleine Held,
vor 29 Jahren diese Welt.

Langsam und so nach und nach,
wurden seine Augen hell wach.

Trotzdem blieb er für uns der Kleine,
hatte dazu noch krumme Beine.

Klein war er, doch nicht an Geist,
was der Schultest ihm beweist.

Obwohl in der Schulbank kaum zusehen,
mit knapp 6 durf´t er zur Schule gehen.

Doch manchmal war die Schule kaum,
der von ihm heiß geliebte Traum.

Gern tät er sich zur Ruhe setzen,
statt täglich in die Schule wetzen.

Von Hobbys träumt er und von Reisen,
die Schule könnte glatt verwaisen.

Sport hat ihm viele Freud´ gemacht,
er hat manch´ Medaille heim gebracht.

Auch Motorrad fahren machte ihm Spaß.
bereits mit 9 war er ein Ass.

Mit 11 konnte er schon Auto fahren,
Problem war nur erwischt zu werden.

Jedoch, ich ließ ihn nicht allein,
ich war beim Fahren stets dabei.

Machte die Schule nicht gerad` Spaß,
so war er doch ein richtiges Ass.

In Mathe, Bio, Physik Chemie
war er große Spitze, wie noch nie.

In allen Fächern hat er viel erreicht,
das haben seine Noten gezeigt.

Mit Note 1,4 das ABI gemacht,
das haben nur wenige geschafft.

Der Ersatzdienst war jetzt an der Reih`,
13 Monate war er dabei.

Mit Behinderten ging er gerne um,
hat mit sozialem Verständnis zu tun.

Dann kam das Studium der Chemie,
eine harte Sache, wie noch nie.

Ein Wettbewerb um beste Noten,
hab`n sich gegenseitig überboten.

Alle haben nur gestrebt,
mit Müh` hat er das überlebt.

Nach 2 Jahren, die nicht leicht,
hatte er das Vordiplom erreicht.

Dann war er platt, die Luft war raus,
ein ganzes Jahr spannte er nun aus.

Nach Australien stand sein Sinn,
da zog es ihn schon lange hin.

Englisch auffrischen, Chemiepraktikum,
diese Gedanken trieben ihn um.

120 aplications hat er verfasst,
doch kein Termin hat recht gepasst.

4 Monate dann auf eigne Faust,
hat er halb Australien bereist.

Von Melbourne bis Cairns ist er getrampt,
Kennt jetzt den halben Kontinent.

Nach langem Suchen kam er drauf,
es gibt auch einen Studenaustausch.

Auswahl-Prüfung zuvor in Bonn,
am End` zog er als Sieger davon.

Denn 130 waren gekommen,
20 davon nur angenommen.

In Durban Studium, dann Praktikum,
so gingen 8 Monate schnell herum.

Viel abgeklärter kam er dann heim,
cool ging er wieder ins Studium rein.

Die UNI in Lautern war nun der Ort,
wo er das Studium setzte fort.

Auch fand er wieder Zeit für Sport,
ging auch gelegentlich mal fort.

Obwohl Chemie im Grund sehr trocken
hat er ein nettes Mädchen getroffen.

Anja die Auserkorene heißt,
sie ist vom gleichen chemischen Geist.

Zu Zweit kann leichter man ertragen,
täglichen Stress und auch die Plagen.

Es klappte prima zwischen den beiden,
beinahe könnte man sie drum beneiden.

3 Jahre hat er nun hier verbracht,
da hat er schon den Abschluss gemacht.

Das Diplom, ich mach keine Witze,
mit 1,2 ist einsamen Spitze.

Doch nicht genug was erreicht bis jetzt,
ein höheres Ziel hatte er sich gesetzt.

Den Dr. wollt er auch noch machen,
nicht leicht, das nebenbei zu schaffen.

Anja fand es an der UNI gut,
Nici ging in ein Institut.

Bei Prof. Karger machte es Spaß,
gerne er auch mal länger saß.

Jetzt hat er diese Etappe geschafft,
den Dr. sogar mit Auszeichnung gemacht.

Alle Hochachtung gebührt ihm dafür,
deshalb sind wir auch alle heut` hier.

Um Anja macht Euch keine Sorgen,
den Doktorhut erhält sie schon morgen.

Nun haben beide ihr Ziel erreicht,
der Weg in die Zukunft ist damit leicht.

Manch Traumjob ist schon in Sicht,
mehr offene Wünsche gibt es nicht.

Nun ziehet um, baut Euer Nest,
macht die Familie richtig fest.

Viel Glück, Erfolg und Zufriedenheit
wünschen Dir beide Eltern heut.
                    Mama und Papa.

3.09 NICI MIT 30 JAHREN

Kinder, wie die Zeit vergeht! Inzwischen ist schon viel passiert. Nun fand ich endlich wieder die Zeit, um einen kleinen Rückblick zu tun.
Hier das Ergebnis:

Nicis 30. Geburtstag

Noch gar nicht lange ist es her,
man meint, als wenn es gestern wär',

war unser Kleiner noch daheim
und ließ sich's hier recht wohle sein.

Dann zog er los zum Studium,
kam in der Welt auch recht herum.

Hat auch den Doktor – seht ihn an,
jetzt steht er tüchtig seinen Mann.

30 wird er nun schon morgen,
um ihn macht Euch keine Sorgen.

Gesundheit, Erfolg, Zufriedenheit
wünschen Mama und Papa Dir heut'.

3.10 UNSERE KINDER

Nun sind beide schon lange flügge und stehen auf eigenen Beinen. Sie haben sich beide frei geschwommen, wenn auch jeder auf seine Art. Wichtig ist, dass man mit seinem Leben zufrieden ist.

Das hoffe ich.

Hier ein paar Worte aus meiner Sicht:

__Unsere Kinder__
Zufrieden lehn` ich mich zurück,
ich stelle fest, wir hatten Glück!

Nici und Götz verstanden sich gut,
ziehen muss man da den Hut.

Am Entensee spielten sie mit anderen,
immer schnell sie Freunde fanden.

Regnete es, so saßen sie dann,
zu Haus mit Lego, stundenlang.

Wenn es zu einem Krach mal kam,
ich schnell ein Buch zur Hand ich nahm.

Spannende Geschichten lösten schnell
jedes Problem gleich auf der Stell.

Noch besser wirkten Hörspiele,
führten schneller noch zum Ziele.

Räuber Hotzenplotz hat garantiert
immer zu Frieden dann geführt.

Lange Autofahrten, Probleme geben,
Nur mit Trick war sie zu beheben.

Eine Kassette bewirkte Wunder,
mäuschenstill warn da die Kinder.

Hing auch der Haussegen mal schief,
bei uns Gemeinsamkeit wach rief.

Alle Höhen und auch Tiefen,
unbeschadet wir umschifften.

An Wochenenden ungelogen,
zu dritt gern auf die Alb gezogen.

Wandern war dann angesagt,
hat allen sehr viel Spaß gemacht.

Meistens hatten wir im Gepäck,
Würstchen, Brot, auch manchmal Speck.

Wir mussten dann so lange wandern,
bis wir `ne Grillstelle fanden.

Manchmal brannte Feuer schon,
weil andre Leute vor uns warn.

Würstchen grillen macht immer Spaß,
man gerne dort am Feuer saß.

Auch Bäume klettern war jetzt erlaubt,
Mama hätt`s den Nerv geraubt.

War sie dabei, gab sie stets an,
was geduldet werden kann.

Ständig achtete sie penibel,
dass alle auf den Wegen blieben.

Denn Sonntagshäs war angelegt,
das wurde immer sehr gepflegt.

So könnte es grade weiter geh`n,
doch wieder hieß es früh aufstehen.

Montags die Woche neu begann,
da mussten alle wieder ran.

Kaum sprachen sie, da konnt ich sehen,
wie sie mit ccm und PS umgehen.

Auf Spielkarten mit Bild,
waren viele Autos abgebild`.

In Magazinen blätterten sie rum,
was ich hörte, haute mich um.

Für 10.000, hört ich sie sagen,
wär` ein Porsche schon zu haben.

Dagegen steuern, doch wie nur,
Das brachte mich fast aus der Spur.

Eine Anzeige gab ich jetzt auf,
Motorrad, kann auch gebraucht.

Viel Schrott wurde angeboten,
da gab`s nicht sehr viel auszuloten.

Da rief Frau Schmitter bei mir an,
"Kommen Sie her, schaun sie`s mal an."

Suzuki neu, wie aus dem Laden,
war jetzt bei ihr direkt zu haben.

Das Model, das war zwar alt,
doch das ließ uns alle kalt.

Bedenklich warf sie dabei ein,
die Maschine wär` für mich zu klein.

Aufklären war nun meine Pflicht,
für mich ist die Maschine nicht.

Für meine Kinder soll sie sein,
bringe ihnen das Fahren bei.

Anerkennend warf sie ein,
dass dies der richt`ge Ansatz sei.

Doch nicht ganz leicht war es jetzt,
zu finden einen Übungsplatz.

Feldwege sollten die Lösung sein,
doch da legt Mama ihr Veto ein.

Das Panzergelände dann machten wir,
zu unserem ständigen Übungsrevier.

Ein Problem es aber hier auch gab,
die Franzosen hielten ein Manöver ab.

Fluchtartig sind wir heim gezogen,
lächelnd dankten`s die Franzosen.

Mit 7 und 10 Jahren
konnten beide perfekt fahren!

Fer Führerschein war bald in Sicht,
Übungsstunden brauchten sie fast nicht.

Urlaub ist beiden stets bekommen,
haben immer sehr gut zugenommen.

Nicht an Gewicht, viel mehr an Geist,
was hinterher der Wortschatz zeigt.

Ob Tigring, Alb, ob Mittelmeer,
das zeigt der Vergleich dann hinterher.

Wir sind ganz schön herum gekommen,
haben getaucht und sind geschwommen.

Bei Windstille und ohne Gicht,
war Muschel tauchen fast `ne Pflicht.

Viel Besucher stellten sich dann ein,
es labte sich dran, Groß und Klein.

Langsam wuchsen sie heran,
die Grundschule stand nun an.

6 Jahre FES waren bewegt,
haben den rechten Grundstein gelegt.

Die Schule war zwar etwas fern,
in die Schule gingen beide gern.

Mit Binder-Bus von Orschel-Hagen,
wurden beide täglich hin gefahren.

Die Lehrer waren sehr bemüht,
dass man im Leben fleißig übt.

Nicht nur Zahlen und Buchstaben,
viel mehr sie dort gelehrt bekamen.

So dass am Ende dann,
jeder heute steht seinen Mann.

Beide zogen sehr bald fort,
studierten an verschiednem Ort.

Nici verliebt in die Chemie,
in Konstanz studierte er sie.

Die zwei Jahre waren hart,
danach `ne Pause angesagt.

Ein Praktikum in Südafrika,
danach war es wieder voll da.

Götz möcht` lieber Vieh und Land.
In Kasse er zum Studium fand.

In Marth kauften sie `nen alten Hof,
Götz wohnte fortan darauf.

Vieles war da sehr betagt,
an allem hatte die Zeit genagt.

Nun gehört dazu viel Geld,
bis alles wieder hergestellt.

Ein Brand brach plötzlich aus,
zerstörte gleich ein ganzes Haus.

Finanziell geholfen habe ich beiden,
geschafft haben sie es dann allein.

Nici dagegen ist es gelungen,
ein lukratives Projekt zu finden.

Dort wohnt er nun mit Frau und Kind,
sie hoffentlich auch glücklich sind.

Ich hoffe, dass es beide schaffen,
mir mein Alter nach zu machen.

Dazu wünsch ich den beiden Helden
der Herrgott möge sie gut begleiten.
Euer Papa

3.11 RAHEL
ZUM 18. GEBURTSTAG

Rahel, die älteste Tochter von Götz wurde 18 Jahre. Wir hatten außer meiner Unterstützung damals recht wenig Kontakt. Nur ganz auf die Schnelle schrieb ich ein paar Zeilen für sie:

Rahels 18. Geburtstag

Große Klappe, liebes Wesen,
18 Jahre wird nun der Besen.

Heute ist es nun so weit,
vorbei ist jetzt die Kinderzeit.

Ab heute musst Du selbst entscheiden:
was Du möcht`s - was lässt Du bleiben.

Du wirst noch manchen Fehler machen,
verlerne trotzdem nicht das Lachen.

Mach Dir nichts draus und glaube mir,
das ging schon vielen so wie Dir .
Wichtig ist, dass man gibt Acht,
diese Fehler nicht noch mal macht.

Für`s Leben wünsch ich viel Glück,
immer vorwärts, niemals zurück.

Doch suchst Du Rat und bist betroffen,
denk` an zu Haus`, die Türe ist offen.
Dein Opa Georg

4.00 UNSER NEUES HEIM

Nun waren wir auch stolze Hausbesitzer. Oft war ich schon von meiner Frau gehänselt worden, dass es alle schaffen, nur wir nicht. Was aber auch gar nicht so stimmte. Aber wir hatten gegenüber Einheimischen den gravierenden Nachtei, dass wir kein Grundstück erbten. Das bedeutet bei den Preisen, dass man glatt zwei Leben braucht, um Grundstück und Haus vernünftig zu finanzieren. Deshalb gingen wir einen Mittelweg, wir suchten ein "gebrauchtes" Haus.

Wir hatten Glück und fanden ein Reihenhaus, dass wie für uns gemacht schien.

Jetzt fand ich wieder ein wenig Zeit, um zurück zu schauen.

4.01 Stolze Hausbesitzer

1982- das war unser Jahr,
von allen kaum zu fassen war.

Endlich haben wirs auch geschafft,
alleine und aus eig`ner Kraft

ein Haus zu finden, genau nach Maß,
es anzuschauen machte schon Spaß.
'
Neu zu bauen, wär`für uns schwer,
man bräucht` dazu 2 Leben schier.

Wir suchten deshalb in Anzeigen,
ein fertiges Haus uns anzueignen.

Umzug nach Bodelschwingh 38,
dabei halfen alle wirklich fleißig.

Doch dann kehrt die Ernüchterung ein,
Renovierung musste vorher sein.

Tapeten runter, Teppiche raus,
renoviert von uns das halbe Haus.

Manch Fliesen, Kabel Schalter neu,
nichts versetzte uns in Scheu!

Oft recht kritisch war Mama,
solange noch ein Stäubchen da.

Hätt`sie gesehen vorher das Haus
sie hätte genommen Reisaus.

Der Umzug musst`verschoben,
bis alle Probleme erst behoben.
Makler und der Wohnungsverkauf,
rieben fast die Familie auf.

Manchmal wollte Mama schon,
die Flinte werfen einfach ins Korn.

Bestrebet stets dann alle waren,
zu retten unsren alten Karren.

Teuer sind die Häuser schon,
da reicht kaum ein normaler Lohn.

Wir haben uns schon leicht gesorgt,
beim Opa sogar Geld geborgt.

Opa sprang da gerne ein,
er hat`s bei allen Kindern getan.

Wenns and`re es haben geschafft,
so schaffn wirs auch mit unsrer Kraft.

Bezahlen nach und nach das Haus,
so schlecht sah es doch gar nicht aus.

Natürlich wird ab jetzt gespart,
so dass es alle traf recht hart.

Schmalhans kehrte bei uns ein,
gespart wurde nicht zum Schein.

Den Urlaub - sonst in Südens Sonne,
verbrachten wir daheim mit Wonne.

Auch Papa fährt - nicht weil er muss,
freiwillig ab Dezember mit dem Bus.

So trägt er bei- wenn`s auch wenig ist -
denn Kleinvieh macht auch seinen Mist.

Und sollte auch das nicht reichen,
könnt man das Telefon noch streichen.

Damals an jeder Ecke stand,
ein Häuschen von Fernmeldeamt.

Die Kinder selbst haben verzicht`,
was gar nicht selbstverständlich ist,

auf ausgemachtes Taschengeld,
weit suchen kannst Du`s auf der Welt.

Im Juli endlich war`s so weit,
zum Umzug alles stand bereit.

Eingepackt und abgebaut,
kein einz`ges Stück wurde versaut.

Getreu dem Spruch, der wohl bekannt
vom Norden bis zum Schwabenland,

dass viele und fleiß`ge Hände
machen der Arbeit bald ein Ende.

Leicht war es nicht, denn jedes Stück,
musste finden seinen neuen Fleck.

Doch Mama alles bald bereinigt,
das wurd` von allen ihr bescheinigt.

Die Jungen jeder nun im eignen Raum,
konnten`s anfangs gar nicht glaub`n.

Sich wohl zu fühlten unbeschwert,
ich glaube es war der Mühe wert.

Zugeben muss ich ganz am Rande,
dass Götz und Nici eine Bande,

Bubeln oft in ihrem Zimmer,
manchmal ging auch was in Trümmer.

Draußen gab`s viel Neues zu sehen,
das konnten wir ja schon verstehen.

Kommen schmutzig wie die Schwein,
eher die Nachbarskinder heim.

Und dass sie liebend gerne basteln,
ist doch lange noch kein Laster.

Sicher hat`s wohl abgefärbt,
vielleicht hab`n sie`s von mir geerbt.

Doch glaube ich, es ist nicht schlecht,
findet man im Leben sich zurecht.

Am besten steht man seinen Mann,
wenn man Theorie und Praxis kann.

Dies hat schon manches Mal im Leben,
beigetragen zum Überleben.

Nur Mama sieht nicht glücklich aus,
zu putzen ist nun ein ganzes Haus!

Doppelte Fläche und noch mehr,
da muss dafür `ne Hilfe her.

Frau Drescher nimmt mit sehr viel Pfiff,
die Sache montags in den Griff.

Am Abend alles neu ausschaut,
kaum man sich nun ins Haus getraut.

Die Nachbarn alle ringsherum
gehen sehr gütig mit uns um.

Nirgends gibt es einen Krach,
das mache erst uns einer nach.

Beide wurden hier sehr schnell,
aufgenommen auf der Stell.

Götz und Nici, ohne Fragen,
hatten beide bald das Sagen.

Zwar musste Nici, damit`s alle sehn,
eine Probe erst noch bestehen:

Kannst du erklettern diesen Baum?
Er war so schnell, sie glaubtens kaum!

Nur wünscht`ich insgeheim,
ruhiger möcht`s im Hause sein.

Ruth glaubt, dass ich sie nicht möge,
sie aber einem Trugschluss unterliege.

Wie wünsch ich mir in uns`rem Heim,
dass Frieden wird, ohne Geschrei.

Vorwürfe machen mich ganz krank,
dabei wird mir ganz Angst und Bang.

Nicht neidisch auf die andren sein,
oft ist es doch auch nur ein Schein!

Dass ihr Programm hat mehr Gewicht
als die Familie, glaubte ich nicht.

Rauh die Schale, weich ist der Kern,
ich hoff` sie hat mich doch noch gern.

Und wirft sie manches mir auch vor,
ich halte dann hin nur ein Ohr.

Denn schon morgen, das ich wett`
ist sie wieder zu uns nett.

Dies zu durchblicken ist nicht leicht,
da werden schon mal die Knie weich.

Wann sieht nur Rutchen endlich ein,
richtig stark ist man nur zu zwein.

So nehm ich her all meinen Mut,
und hoff am Ende wird alles gut.

Was würde sonst im Alter sein,
wenn Beide wären ganz allein?
G.Papke

5.00 OPA

Gewöhnlich lud Opa alle seine Kinder und Ekel zu seinem Geburtstag ein. Marlies wohnte vor Ort, Wolfgang kam mit Familie aus München. Und wir hatten es ja auch nicht weit. Zum Mittagessen gingen wir in eine Gaststätte am Neckar. Neben ein paar Geschenken hatte ich ein paar Zeilen formuliert, die ich nach dem Essen nun vor trug:

5.01 OPA
ZUM 78.GEBURTSTAG

Oft muss im Leben man sich plagen,
Grund genug zum Jammern und Klagen.

Schaut man in die Vergangenheit,
kein einz`ger Tag tut einem Leid.

Vergessen sind Müh, Ärger und Last,
des Alltags ständige Hast.

In Erinnerung bleibt nur Gutes zurück,
das Schlechte vergisst man zum Glück!

Mag der Herrgott es fügen und geben,
dass Du nur schöne Tage darfst erleben.

Von ganzem Herzen wünschen Dir
Aus Reutlingen nun - Deine Vier.
        Ruth und
        Georg.
        Nicolai und
        Götz .

5.02 OPA
ZUM 80.GEBURTSTAG

Nun stand Opas 80.Geburtstag an. Opa hatte dieses Mal alle Verwandten und Bekannten eingeladen. Gefeiert wurde wieder in Mittelstadt in der Gaststätte unten am Neckar. Ich hatte mir überlegt, vielleicht einen kleinen Rückblick auf sein Leben zu verfassen.

Dies war das Ergebnis:

Opa zum 80. Geburtstag

Vor 80 Jahren kam unser Held,
klein und zierlich auf die Welt.

Oh, was ist seither alles geschehen,
woll`n wir`s näher mal besehen.

Am 19.01. 1906 hat es begonnen,
da ist er auf die Welt gekommen.

Prebendow wurd` der Ort geheißen,
jetzt ist es Polen, hinter Oder /Neiße.

Hier wuchs er auf, hier war er daheim,
Heimat war`s, wie kann`s anders sein.

Er war ein Lausbub, wie wir alle auch,
zu hoch kein Zaun, zu dicht kein Strauch.

Mit 6 kam ein neuer Abschnitt im Leben,
es hat eine Veränderung gegeben.

Mit Sack und Pack, mit Vieh und Kind,
sie damals umgezogen sind.

Als Mackensen wurd` der Ort bekannt,
heut wird er Chocielewko genannt.

In Wollendach ließ man sich nieder,
kaum findet man den Ortsteil wieder.

Doch Bauer zu sein, war hartes Los,
viel Arbeit gab`s für Klein und Groß.

Mithelfen mussten schon die Kinder,
nicht nur im Sommer, auch im Winter.

Erst wurde gepflügt, geeggt, gesät,
danach gehackt, jedoch mit Handgerät.

Unkraut ausreißen, Steine sammeln,
keine Zeit zum Bummeln, Gammeln.

Im Sommer dann, jetzt gehn wir baden,
da wurde gemäht, gebunden und geladen.

Einfahren, so lange trocken und schön,
Kein Halm blieb liegen oder steh`n.

Anders war es als heutzutage,
Urlaub kam selten nur in Frage.

Auch war das Angebot nicht so wie heute,
bescheidener waren damals die Leute.

Obwohl bis zur Ostsee gar nicht weit,
war dafür aber gar keine Zeit.

Auch fehlten da die schnellen Wagen,
die wir heut` zur Verfügung haben.

Die heut`ge Jugend hat jeden Genuss,
weil es alles gibt im Überfluss.

Baden in der Leba war damals IN,
heut fahren wir ans Mittelmeer hin.

Sonnen uns dann an fremdem Strand,
früher das auf dem Feld statt fand.

Blässe war da vornehm und schön,
nur Bauern waren gebräunt zu seh`n.

So gingen die Jahre schnell ins Land,
man kaum Zeit für die Liebe fand.

Manchmal kam man unter die Leute,
zum Tanzen und Singen genau wie heute.

Zum Singen gingen Frieda und Bertha,
so wie die dicke Medewitzsche Martha,

Und dann im gemischten Chor,
Frieda sang Alt, Ernst sang Tenor!

Heimwärts von drei Mädchen umrahmt,
kein Wunder, das sich da was angebahnt!

Mit 26 war`s dann so weit,
es war ja auch die richt`ge Zeit.

Frieda Peter wurde sie genannt,
die er führte zum Standesamt.

Harte Zeiten nun begannen,
Peters Hof wurd` übernommen.

Landwirtschaft war`s eigentlich nicht,
auf die unser Vater war erpicht.

Viel lieber wär`er Lokführer geworden
oder sich als Krankenpfleger beworben.

Doch so mancher Jugendtraum verpufft,
wenn die harte Wirklichkeit ruft.
(hier war es die Schwiegermutter)

Sechs Schwestern waren auszuzahlen,
da gingen drauf alle Einnahmen!

Gearbeitet wurd`von früh bis spät,
wieder gepflügt, geeggt, gesät.

Sehr fruchtbar war das neue Land,
wie man es bald im Stammbuch fand.

34 das erste Kind Georg hieß,
38 Wolfgang, 40 dann Marlies.

Der zweite Krieg, er muß`t ins Feld,
In Norwegen bekam er seinen Sold.

Dann kam das dicke End` für alle,
lebt er noch oder ist er gefallen?

Erst 46 haben wir erfahren,
nach Frankreich hatt es ihn verschlagen.

Als Gefangener durft` er schuften dort,
beim Bauern in einem kleinen Ort.

Beinahe wär`er dort geblieben,
das war seinem Talent zugeschrieben.

Als Ernteschmaus zauberte er
Frisches Brot und Kuchen daher.

Als Bäcker sollte er partout,
bleiben in dem kleinen Ort.

47, wir konnten es kaum fassen,
wurde er wirklich dann entlassen.

Nach Anklam ist er dann gefahren,
dorthin hat`s die Familie verschlagen.

Schwer der Anfang, alles war knapp,
froh war man abends, wenn alle satt.

Als Bauer hatte er`s schon schwer,
als Bauarbeiter noch viel mehr.

Umschulen vom Bauer zum Maurer,
In diesem Alter ganz schön sauer.

So sehr er schaffte, blieb unter`m Strich
gerade so viel, zu decken den Tisch!

55 er die Familie nahm
und in den goldenen Westen kam.

Der dritte Anfang war auch nicht leicht,
doch war das Ziel hier schneller erreicht.

Bei Wackers, das erste Quartier,
danach folgten noch weit`re vier.

1956 fing unser Vater dann
als Maurer bei Firma Hirschmann an.

Mit 65 hat er`s dann gewagt,
hat seine Rente beantragt.

Nicht groß war der Gewinn,
doch kamen sie zu zweit gut hin.

1970 war ein trauriges Jahr,
Mutters Leiden nun zu Ende war.

Schön wär `das Leben jetzt zu zwein`.
Nicht leicht war es ab jetzt allein.

16 Jahre hielt er`s bei der Firma aus,
wohnhaft in einem Firmen-Haus.

72 wollt er hier fort,
wir zogen ihn um an neuem Ort.

Nun wohnt er bei Schätzles im Paradies ,
man ihm das Untergeschoss überließ.

Der Sohn bei Schätzles war allein,
da sprang doch prompt der Opa ein.

Frühstück wurd`bei Opa gemacht,
dann zum Kindergarten gebracht.

Draußen Gärtner, drinnen sein Koch,
froh sind wir, er schafft es noch.

Dazu kam Gymnastik und Kegeln,
da durf't der Opa doch nicht fehlen.

Ist Zeit, geht er noch in den Wald,
soll einer sagen, der Opa ist alt!

Leicht fällt es nun Rückschau zu tun
und sich dabei etwas auszuruhen.

Oft musste im Leben er sich plagen,
Grund gab`s zum Jammern und Klagen.

Schaut er in die Vergangenheit,
kein Tag ihm dabei täte Leid.

Vergessen sind Mühe und Last,
des Alltags ständige Eile und Hast.

In Erinnerung bleibt meist das Gute nur,
das ist der Gang unsrer Natur.

Auch hattest Du`s nicht immer leicht,
Vater, du hast im Leben viel erreicht.

Wenn nötig, stehen wir alle Dir bei,
soll kommen immer ,was es auch sei.

So mag der Herrgott es fügen und geben,
Du sollst schöne Tage nur noch erleben.

Lieber Vater und Opa das wünschen Dir,
die alle heute versammelt hier.
                    Dein Sohn Georg.

6.00 ABSCHIED

Als ich 1968 zum Staatlichen Hochbauamt wechselte, bekam ich sofort die Aufgabe zugewiesen, an der Sanierung und Erweiterung des Psychiatrischen Krankenhauses in Zwiefalten mit zu arbeiten. Mein Chef meinte, dass ich durch meine Erfahrungen im Krankenhausbau hier genau richtig sei.

Dabei waren die Aufgaben hier ganz anders, denn es ging hier darum, die alten Klostergebäude zu einer Psychiatrischen Anstalt umzubauen. Das ist etwas ganz anderes als ein modernes allgemeines Krankenhaus. Trotzdem nahm ich die Aufgabe gerne an, war es doch für mich Neuland.

Bis jetzt oblag dem Staatlichen Hochbauamt die Aufgabe, alle Planungen zu machen. Fast 50 Jahre haben wir gut zusammen gearbeitet.

Ab jetzt bekamen alle PLK ihre eigene Bauleitung. Damit auch die Aufgabe alle Planungen selbst erstellen zu lassen. Dazu wurden alle schriftlichen und zeichnerischen Unterlagen ans PLK übergeben. Am Ende dieser umfangreichen Prozedur gab es im PLK in Zwiefalten eine kleine Abschiedsfeier. Und ich dachte mir, dass dies ein guter Anlass sei, um wieder mal ein paar Zeilen zu verfassen:

6.01 Abschied vom PLK

Benediktiner bauten diesen Ort,
1803 trieb sie Napoleon fort.

All die Mönche mussten gehen,
nur die Gebäude blieben stehen.

Die standen jahrelang fast leer,
Beamte wohnten hier und Militär.

Teils war es Absteigequartier,
wenn mal der König durch zog hier.

1812 der König gab bekannt:
dies Kloster wir nun umbenannt!

Das Tollhaus kommt an diesen Ort,
Von Ludwigsburg möglichst weit fort.

Nach dem Reskript hat man verfügt,
`ne Kommission sich hierher begibt.

Wer wurde wohl dort hin geschickt,
damit er mal die Lage blickt?

Die Antwort ist doch sonnenklar,
wer sonst - ein Architekt es war.

Baumeister Kümmerer benannt,
mit Planungsauftrag her gesandt.

Er sollte mal vor Orte schau`n.
was alles wäre umzubaun`.

Ob räumlich und auch finanziell,
dies Kloster sei die richt`ge Srell.

Ganz bescheiden ist zu lesen,
der erste Bauetat gewesen.

Nur 29.000 Gulden
für Verrückte macht man nicht Schulden!

Sparsamkeit war angesagt,
`ne Einfachlösung nur gefragt.

Dabei war gleich daran gedacht,
Baustoffe gabt`s in der Nachbarschaft.

Flugs von landeseignen Bauten,
sie alle losen Teile klauten.

Öfen, Türen und Bausteine,
ganz egal, ob große kleine.

Überall wurde nun gespart,
richtig, eben nach SchwabenArt.

Endlich war alles gerichtet und rein,
das Ludwigsburger Tollhaus zog nun ein.

Inzwischen war viel Zeit vergangen,
die Bauten in die Jahr`gekommen.

Desolat und über belegt,
Dazu völlig ungepflegt.

General-Sanierung sollt` jetzt sein,
man plante sehr viel Kosten ein.

Der Anfang sah sehr trostlos aus,
sanierungsbedürftig jedes Haus!

Mit Aufbau- und Nachholprogramm,
ging man die Bauprobleme an.

Baubesprechungen jedes Jahr,
manch Obrigkeiten waren da.

Erörtert wurde jeweils viel,
zu Bauen war stets unser Ziel.

Der Willen war bei allen da,
was man an den Beschüssen sah.

Klug das Ganze wurd` durchdacht,
Bauabschnitte draus gemacht.

Mit dem Gastbau ging es los,
die Überraschung war oft groß.

Manch Deckenbalken war verschlissen,
wir sah`n es erst als wir `s aufrissen.

Mit dem Umbau hier betreut.
waren über 260 Handwerksleut`.

Die Arbeit ging schlecht von der Hand,
weshalb eine Verzögerung entstand.

Denn vieles musste wohl bedacht,
abgestimmt mit dem Denkmalamt.

Ganze 6 Monate zu spät,
das Bauwerk erst in Nutzung geht.

Mangelhafte Entscheidungskraft,
am Bau wird selten wett gemacht.

Womit es sich schon damals zeigt,
man zu falschen Terminen neigt.

Viele Jahre sind vergangen,
seit man hier hatte angefangen.

Aus Heilanstalt wurd` PLK,
die Dinge man nun anders sah.

Auch wechselten die Baufachleut,
welche die Anstalt stets betreut.

Mitarbeiter gingen - kamen,
wer kennt heute noch die Namen?

Fast 50 Jahre sind es nun,
dass wir zusammen hatten zu tun.

Manch Höhen und auch Tiefen,
die miteinander wir durchliefen.

Man hat geplant und aufgerissen,
manches auch sofort verrissen.

Oft kam einfach zu viel heraus,
zu teuer war so manches Haus.

Es wurde hin und her jongliert,
X mal die Kosten korrigiert.

Meist gesellte sich noch im Nu,
manch kleiner Sonderwunsch hinzu.

Der Kreisbaumeister fand heraus,
der Brandschutz reiche hier nicht aus!

Auch durch die Statik kam im Nu,
noch mancher Tausender hinzu!

Das Grundwasser stieg wie noch nie,
trieb gleich die Kosten in die Höh`.

Manchmal hat auch die Bauherrschaft
zum Schluss sich noch was ausgedacht.

Umbauten waren oft nicht leicht,
was manches Beispiel hier beweist.

Bei einem blieb nur Dach und Decken,
die Wände mussten wir ersetzten.

Beim Andren nur noch Wand und Dach,
die Decken fielen ein mit Krach.

Einen Bau sollt` man nicht sehen,
man musste in die Erde gehen.

Saniert wurd` 30 Jahre fast,
für Euch war das `ne große Last.

Ein kleiner Umbau oft sollt`s sein,
schnell fertig und doch fein.

Weil größ`re Dinge war`n zu machen,
oder ein Aufzug war zu schaffen.

Dabei war manches Mal zuletzt,
das ganze Haus fast umgesetzt!

Die Arbeit war hier nicht ganz leicht,
was der nächste Ausspruch zeigt:

Einst sagte Dr. Kritsch voraus,
er war der Direktor hier im Haus,

"Wer länger schafft in diesem Laden,
bekommt bestimmt `nen Dach-Schaden."

Für viele war`s zum Haare raufen,
mancher ist bald weg gelaufen.

War dies der Bauverwaltung Grund,
hier auszusteigen noch gesund ???

oder war es das PLK
uns fern zu halten von Gefahr???

Diskret zieh` n wir uns nun zurück,
scheinbar hatten wir noch Glück.

Doch zum Trost - es gibt Tabletten,
so ist mancher noch zu retten!

Bevor wir vorwärts tun den Blick,
schaun`wir noch einmal zurück.

Das Programm ist fast erfüllt,
abgerundet fast das Bild.

So haben wir doch viel erreicht,
manchmal war es nicht so leicht.

Leider konnte mangels Geld,
doch nicht alles fertig gestellt.

Für`n Bühlhof war gerad` noch Zeit,
er kam noch trotz Behördenstreit.

Die Abrechnung ist auch geschafft,
bis Jahresend` mit letzter Kraft.

Die Mehrzweckhalle wurde wahr,
die Lösung ist schier wunderbar!

Obwohl, es gab einige Feinde,
kam doch die Eh`mit der Gemeinde.

Bauabschnitt Nr. 7
ist leider übrig geblieben.

Der stand erst auf dem Papier,
das muss ich Euch gestehen hier.

Obwohl die Kosten festgestellt,
fehlte am Ende doch das liebe Geld.

Nachdem die Wünsche reduziert,
wird er von Euch nun renoviert.

Das Therapiegebäude ist,
wie Ihr alle längst schon wisst,

nun vorläufig aufgeschoben,
heißt jedoch nicht aufgehoben.

Zu lang war drum die Diskussion,
doch keiner hatte d i e Version!

Die neue Planung dazu neigt,
dass sich `ne bess`re Lösung zeigt.

Mit neuem Schwung und mit Elan,
wird nun der letzte Schritt getan.

Auch ein neuer Name musste sein,
PLK war nicht mehr fein.

Münsterklinik klingt nicht schlecht,
wird mehr der neuen Form gerecht.

Künftig wird weiter wohl das Land,
über Euch halten seine Hand.

Sollte Euch das Geld nicht reichen,
dann weiterhin man müsste streichen.

Gerät der Haushalt in Gefahr,
trotz Einschränkung und viel Gespar`,

so aktiviert die Druckerei
und der Engpass ist vorbei.

Schluss mit Scherzen und mit Glossen,
alle wünschen nun und hoffen,

Die neue Klinik hab` Erfolg.
Und keiner mehr hat Sorg.

Pläne und Akten sind nun hier,
zuständig seit ab jetzt nun Ihr!

Wie`s ohne uns wird weiter gehen,
mit der Zeit wird man es sehen.

Und kommt Ihr nicht so recht voran,
dann klopft doch wieder bei uns an.

Das wünscht Euch Georg Papke

6.02 ABSCHIED VOM AMT

Mit 63 hatte ich erfahren, dass der Staat versucht Leute früher zur Rente zu bewegen. Ich erkundigte mich bei der Rentenstelle und erfuhr, dass es gerade ein Modell gäbe, mit 63 ohne Abzug in Rente zu gehen. Mir wurde auch hinter vorgehaltener Hand gesagt, dass ein weiteres Jahr Arbeit unter Umständen gar keine Verbesserung der Rente ergäbe, weil ständig die Bedingungen geändert wurden. Ich entschloss mich, diesen Weg also zu gehen. Als ich dies meinem Chef unterbreitete meinte er, dass er für mich noch einige sehr interessante Aufgaben hätte. Ich solle es mir doch noch einmal überlegen.

Ich blieb aber bei meiner Entscheidung und so war dann mit meinem 63. Geburtstag sozusagen auch mein letzter Arbeitstag.

Zum Abschied wollte ich wieder ein paar Zeilen schreiben. Dies war das Ergebnis:

Abschied vom Amt

1. Ausgangssituation

Nun bin ich froh, hab ich vom Amt,
dieses Papier fest in der Hand.

Herr Haufe von der OFD
hat mir bescheinigt, dass ich geh`.

Schon fürchtete ich zuletzt,
ich würde noch mal fest gesetzt.

Wie hat Herr Melchers mal gesagt,
ein jeder Rentner würde verklagt,

dem Land zu zahlen Schadenersatz,
für den verlassenen Arbeitsplatz.

2. Rückblick
Teils traurig, teils auch beglückt,
schau ich jetzt noch einmal zurück:

Ein Wort nun noch zum letzten Jahr,
das für mich recht stressig war.

Auslaufen lassen, hat`ich geglaubt,
doch fast hätt`s mir den Nerv geraubt.

Nichts war`s mit Ruhen und Bequemen,
nicht mal den Urlaub konnt`ich nehmen.

Da war der Nachlass von Zwiefalten,
den ich bis dahin musst`verwalten.

Von oben hatte man beschlossen,
uns aus der Bauplanung zu entlassen.

Pläne, Akten war`n zu übergeben,
ich dacht`ich würd`s nicht überleben.

Akten und Pläne aus 50 Jahren,
was fast 50 Leut`gesammelt haben!

140 Ordner warf ich raus,
mustert überholte Schreiben aus.

Auch die Pläne hatten Tücken,
zu ergänzen war manche Lücke.

Frau Henle hat mir bis zuletzt,
den CAD dabei ersetzt.

Trotzdem 2000 Pläne blieben,
wurden an`s PLK übergeben.

Ich wett` es hätte mancher leicht,
dafür 6 Monate Freistellung erreicht.

Froh, los zu sein das PLK,
hat ich am Hals die JVA.

Ich kam vom Regen in die Traufe,
was ich erst merkte im Verlaufe.

Im PLK durft` selbst ich schließen,
hier immer auf Beamte angewiesen.

Ich kam mir vor wie im Käfig,
kaum Unterschied zu einem Häftling.

Ursprünglich wurd `ich eingesetzt,
weil die Sanierung wichtig jetzt.

Auch stellte sich dann bald heraus,
die Mauersichrung reicht nicht aus.

Die Torwache war auch geplant,
jedoch am falschen Platz sie stand.

Noch vieles An`dre musste sein,
dem Nutzer ständig fiel was ein.

Leider ging nicht alles glatt,
wie es solch Bau so in sich hat.

Durch ein Loch der Giebelseite,
suchten 4 Häftlinge das Weite.

Schnellstens hieß es reagieren,
keine Zeit war zu verlieren.

Gefasst waren bald wieder alle 4,
jetzt sitzen sie in sicherem Revier.

Ständig muß`t man auf der Hut sein,
Häftlingen fiel immer was neues ein.

An Schnüren durch`s Fenster geschickt,
wurde mancher Kassiber so verschickt.

Der Mauerschutz war ohne Frage,
für uns die allergrößte Plage.

Viele Versuche haben wir gemacht,
uns immer was neues ausgedacht.

Die Lösung war dann ungelogen,
gerollter Nato-Draht ganz oben.

So wird`s auch stetig weiter gehen,
mein Nachfolger wird es schon sehen.

Dann plötzlich kam es mir so vor,
als hätt` ich `nen kleiner Mann im Ohr.

Was ich bisher noch nicht gewusst,
Man nennt den Kleinen TINITUS!

Doch leider kam er nicht allein,
der Tinitus kommt meist zu drei`n!

Gleichgewicht und das Gehör,
leiden dabei noch viel mehr.

Ein Mittel gäbe es zum Glück,
Fusionen - und zwar 10 Stück.

7 Wochen er mir glatt stahl,
die Zeit lief weg - katastrophal!

Dies hatte deutlich Folgen,
Tübinger Bauten machten Sorgen.

Das Vermessungsamt sollt` übergeben,
um die Räume zu belegen.

Bisschen Sanierung war gedacht,
das ist doch sicher schnell gemacht.

Ein wenig Umnutzung im Dach,
sollte dabei schnell noch mit gemacht.

Doch leider lief es nicht nach Plan,
zuerst die Baugenehmigung nicht kam.

Dann kein Geld auf 519 kommt,
Baustopp gibt es für alle prompt!

Danach der Statiker schockiert,
zu schwach das Holzwerk dimensioniert.

Abstände zu groß, Sparren zu schwach,
desolat das ganze Dach!

Kurzum verglichen kam ich drauf,
es muss ein neuer Dachstuhl drauf.

Ein Preisvergleich hatte erbracht,
billiger wird ein neues Dach.

Für Holzschutz wäre ungelogen,
`ne größ`re Summe auszugeben.

Mit der Zeit stellt sich heraus,
zu teuer wird das ganze Haus.

Frau Baur in ihrem Amte waltet,
hat sich hier helfend eingeschaltet.

Nachdem noch vieles sollt` hinzu,
die Amtsleitung kam auf einen Clou:

`nen Sammeltitel machen wir auf
und hauen alle Kosten drauf!

Nun ist doch alles wohl vollbracht,
mit viel Geduld der Bauherrschaft.

Und so ganz nebenbei noch lief,
selten gerade, meistens schief,

das Institut Franco-Allmand,
das kurz vor der Vollendung stand.

Das Bürö U 8 Aguilar,
der planende Architekt hier war.

Doch schnell stellt sich dabei heraus,
warum ich übernahm dies Haus.

Viel Führungsarbeit war zu leisten,
Rechnungen nervten mich am meisten.

Z-Bau gab`s auch noch nebenher,
mal wenig Arbeit und mal mehr.

Geldforderungen kamen dann,
wenn man sie nicht gebrauchen kann.

Eilig war`n sie - das war klar,
weil überall die Mittel rar.

So ließ ich manchmal alles stehen,
um schnell mal nach Z-Bau zu sehen.

Jetzt ist Herr Benfeld mit dabei,
da geht die Arbeit schlicht durch zwei.

Doch nun ist endlich ganz gewiss,
zu End` für mich hier der Stress.

3. Kleine Satiere

Bevor ich nun meinen Ausblick gebe,
erlaubt mir noch etwas Satire:

Wenn ich die Runde so betracht`,
werden Erinnerungen wach.

Da fällt mir manches Stichwort ein,
ich mach darauf noch schnell `nen Reim:

Her Melchers, als unser Lenker,
Chef, Vater und Vordenker,

hat manches Neue mit Bedacht,
in die Chefetage ein gebracht.

Montagsrunde oft ausbrütet,
manch`Geheimnis, gut behütet.

Doch nicht zum Nachteil der Lakiaen,
wenn`s mancher sich auch bildet ein.

Herr Wagner - immer Optimist,
bereit zu schlichten jeden Zwist.

Für alles hat er dann ganz schnell,
eine Lösung unkonventionell.

Gar nicht ist er dann beglückt,
wenn Frau Baur ihn zurecht gerückt.

Möchte es doch nicht verhehlen,
gut kann man mit ihm Pferde stehlen.

Geschäftsführende Beamte,
man meist als lahme Säcke kannte.

Frau Baur bracht` mit viel Gefühl,
frischen Wind auf dies Gestühl.

Dabei war selbstverständlich klar,
dass mancher pessimistisch war.

Oft hört man sie ganz herzlich lachen,
nicht alles kann man mit ihr machen.

Wer meinte, dass sie es nicht schaffe,
weil nicht gut firm in der Bausache,

er hat sich gründlich wohl vertan,
mit Tricks kommt man bei ihr nicht an.

Manchem sie das Fürchten lehrte,
kaum einer, der sich ernsthaft wehrte.

Denn recht bald stellte sich heraus,
sie kennt sich hier schon ganz gut aus.

Mit Weitsicht und mit Freundlichkeit,
hat sie uns alle längst durchschaut!

Willst Du sie wirklich einmal testen,
versuch`s mit Offenheit am besten.

Ihr Arbeitspensum, das ist enorm,
trotzdem bleibt immer sie in Form.

Was keiner je hier hat erreicht,
4 Dinge macht sie stets zugleich:

Lesen, Hören, Lächeln, Sehen,
das soll einer noch verstehen.

Mit Arbeit ist sie stets eingedeckt,
wie sie`s nur schafft, ist mir suspekt?!

Herr Zettler, der war jeder Zeit
fair zu mir und hilfsbereit.

Immer weiß er einen Rat,
umsetzen müssen wir es in die Tat.

War' s manchmal auch nicht leicht,
bis man am Schreibtisch ihn erreicht.

Drum würd` es der Abteilung nützen,
ließ ihn der Chef beim Volke sitzen.

Frau Folbert ist ein liebes Wesen,
auf ihrem Platz so gar kein Besen.

Personalien und auch Verträge,
leitet sie schnell in die Wege.

Auch die Umläufe sie verfasst,
sind bei manchem recht verhasst.

Wenn sie` s fast nicht mehr durchblickt,
hat sie noch mehr dazu gekriegt.

Material ausgibt hier nun Frau Sahm,
sie`s von Herrn Sauer übernahm.

Bei dem hieß es ganz entschlossen:
"Wer hier reinkommt wird erschossen!!"

Doch sie nicht so gefährlich ist,
obwohl sie`s gerne manchmal `möcht`.

Hier gilt, was der Volksmund spricht`s:
"Hunde die bellen, beißen nicht."

Einst Cowboy und Krokodilien-Fänger,
heut` unser Hausmeister und Sänger.

Das ist unser Heinz-Otto Dreier,
macht jede Arbeit, schnell und sauber.

Doch still nun wird`s um ihn enorm,
ist er nicht mehr so recht in Form??

Waren`s die Frauen oder der Schnaps,
sein Herz hat jedenfalls `nen Knaks.

Wie er stets Lebenskünstler war,
schafft sicher er noch die paar Jahr`.

Mit Abteilung Technik ist`s so `ne Sach`,
mancher hat mit ihnen Krach.

Es haperte dort aber schon immer,
mal mehr und manchmal schlimmer.

Doch dabei muss dies gar nicht sein,
läßt man sie nicht zu sehr allein.

Wenn man sie bestens informiert,
läuft alles glatt, grad` wie geschmiert.

Denn Teamarbeit ist Zweisamkeit,
beide Seiten müssen dazu bereit.

Ja, die Technik bei uns im Amt,
wird stets gelobt und auch verdammt.

Funktioniert sie, ist es famos,
hapert es, dann ist was los.

Manche Buchung schon liegen blieb,
weil da wohl Sand war im Getrieb?

Die Anschaffung des Faxgerät
kam zwar, doch reichlich spät.

Bei Firmen zählte lange schon,
dieses Gerät zum guten Ton.

Zögernd wurd` es angewandt,
obwohl der Vorteil auf der Hand.

Die Technik bracht`uns in die Lage,
Angebot einzuholen an einem Tage!

EDV es jetzt überall gibt,
zuerst verdammt, jetzt heiß geliebt.

Bei uns sie Einzug hielt vor Jahren
und das, obwohl wir sollten sparen.

PCs hat auch nun jedes Büro,
heben damit das Amtsniveau.

Muss ich im Alter auch noch ran,
an den verdammten Computerkram?

Doch ich muss sagen, es beglückt,
hast Du das Ding erst mal durchblickt.

Manch Schrieb wär` heute noch Konzept,
Hät`t man ihn nicht gleich selbst getippt.

Früher war`s manchmal nicht leicht,
bis man am Platz jemand erreicht.

Die neue Telefonanlage
versetze uns nun schnell in die Lage,

Gespräche dorthin umzuleiten,
wo grad` Kollegen noch arbeiten.

Doch wird der Vorteil kaum genutzt,
was manchen Anrufer verdutzt.

Es scheint, als sei das ganze Amt,
schon gar nicht mehr bemannt!

Die Post ist schnell bei uns, Hura!
Kaum abgeschickt, ist sie schon da.

Glaubst Du die Antwort in der Hand,
es ist der Schrieb, den Du versandt!

Ein Eingangsstempel ist nun mehr,
sonst ist alles, wie vorher.

Gespart ist Geld und Zeit vielleicht,
das Ziel ist leider nicht erreicht.

Sollt wirklich etwas eilig sein,
tu`s in die Umlaufmappe rein.

T a g e können nun vergeh`n
bis wieder ist der Schrieb zu seh`n.

Die Zeiterfassung, der letzte Clou,
den sich das Bauamt legte zu.

Richtig genutzt ist es famos,
ist auch der Hang zum Mogel groß.

Fehlt Dir ein Tag, macht es nichts aus,
das Programm gleicht automatisch aus.

Zwei Sternchen wohl am Ende stehen,
doch die sind leicht zu übersehen.

Ein Stichwort fällt mir ein zum Schluss,
das ich doch noch erwähnen muss.

Oft hörte ich hier im Amt,
wie das Betriebsklima verdammt.

Wer dieses ernsthaft kritisiert,
frag` sich, wie er sich engagiert?!

Man kann meckern und kann loben,
es wird n i c h t bestimmt von oben.

Die Güte man nur daran misst,
wie jeder dran beteiligt ist.

Nicht alles ich erwähnen kann,
es dauerte dann viel zu lang.

Ich hoff`,dass keiner bös`wird sein,
es war doch nur ein Schüttelreim.

4. Ausblick

Nun möcht`ich meinen Ausblick geben,
ich hoff`ich darf es noch erleben.

Erst 63, muss ich gestehen
und möchte schon in Rente gehen.

Auch wenn ich früher will ausscheiden,
ist es kein Grund mich zu beneiden.

47 Jahr mit aller Kraft,
hab ich im Leben nun geschafft!

Was nützt es, wenn ich hier noch bleib`,
trotzdem alterte der Leib.

Gerne tauschte ich mit jedem,
der noch jünger ist im Leben.

Wenn ich nun gehen will ist klar,
ich habe sicher noch was vor:

Nicht nur bis in die Puppen schlafen,
abends lange Fernseh`n gaffen.

Nicht täglich nur zum Einkaufen,
etwa den Angeboten nach laufen.

Nicht nur Haus und Garten pflegen,
mehr werde ich mir überlegen.

Dass aus der Freiheit man was mache,
das ist für mich rein Ehrensache.

Manchen Wunsch werd`ich erfüllen,
zuerst die Reiselüste stillen.

Das sag`ich Euch, ihr habt mein Wort,
bestimmt geht es mal ganz weit fort.

So lange der Boddy dazu taugt
und die Gesundheit es erlaubt.

Ich liebe keine Rentner-Reisen,
es geht zu sehr auf festen Gleisen.

Bin immer schon auf eig`ne Faust,
viel lieber durch die Welt gebraust.

Rad fahren, reisen, wandern,
nicht zugleich - eins nach dem anderen.

Einfach mit Rucksack, wie ein Tramp,
finde ich überall ein Camp.

Ich mag die Sonne, warm und trocken,
der Nordpol kann mich wenig locken.

Mein größter Wunsch ist es noch,
zu fahren an der Erde tiefstem Loch.

Nach Israel an`s Tote Meer,
ich gerne noch einmal hin begehr`.

Istambul scheint es auch wert,
dass man ausgiebig dort hinfährt.

Von Pyramiden hab`ich viel gelesen,
doch bin ich niemals dort gewesen.

Ich will, dass es mir auch so geht,
wie Rentnern, denen immer fehlt,

die Zeit zum rasten und zum Ruhen,
weil sie immer hab`n was zu tun.

Dabei ist wichtig bis zuletzt,
dass man sich niemals überschätzt.

Und wird`s der Frau einmal zu viel,
such`ich alleine dann mein Ziel.

Es gibt da auch noch einen Freund,
der wie ich, vom Fernweh träumt.

Dann ist der Wohnwagen noch da,
wartet drauf, dass ich ihn fahr.

Württemberg, Bayern und Baden,
Rheinland Pfalz mich noch einladen.

Am Wege , ohne abzubiegen,
Mecklenburg,Thüringen, Sachsen liegen.

Eins` versprech ich euch jetzt prompt,
aufgepasst, `ne Karte kommt!

Auch den Jungen helfen-dann und wann,
so lange ich noch schaffen kann.

Zuerst kam mein Sohn Götz daher,
Pläne seines Hofes gibt es nicht mehr.

Tagelang werd ich wohl messen,
Bis alle Pläne aufgerissen.

Teamarbeit ist bei uns angesagt,
später dann nur noch mein Rat.

Lässt das Wetter alles nicht mehr zu,
setz`ich mich lange nicht zur Ruh.

Lesen, Schreiben, vielleicht studieren,
man kann ja noch was ausprobieren.

Graphologie ist ein Gebiet,
das mich schon lange fasziniert.

Meine Kinder sagen oft zu mir,
bringe doch alles Erlebte zu Papier.

Viel erzählst Du, doch nur bleibt,
unvergessen, was man aufschreibt.

Meine Antwort war dann prompt,
ich habe dazu doch kein Talent.

Schriftsteller haben besond`re Gabe,
die ich ganz gewiss nicht habe.

Und bisher hatte ich dazu,
keine Zeit und keine Ruh.

Auch werd` ich eines weiter tun,
ehe ich anfange auszuruhn.

Sport hielt immer mich auf Trab,
lenkt auch von den Wehwehchen ab.

Drum saht ihr ständig mich hier flitzen,
nichts hasse ich mehr als stille sitzen.

Ist dann der Wendepunkt erreicht,
weil sich was Ernsthaftes doch zeigt,

mit Knoblauchpillen und mit Tee,
ich in die letzte Runde geh`.

Ein guter Roter, richtig trocken,
dabei lässt es sich auch gut hocken.

Dann lehn`ich ruhig mich zurück,
hatt`doch mit meinem Leben Glück.

Bedanken möcht` ich mich bei allen,
es hat mir hier ganz gut gefallen.

Möget Ihr des Amtes Wehen,
unbeschadet überstehen.

Nun hör`ich wirklich auf zu reden,
damit das Fest kann weiter gehen.

Langt alle zu, ganz radikal,
es ist von mir das letzte Mal.

Georg Papke.

7.00 BALI 2004

Hier nun ein kleiner Rückblick auf die vergangenen Rentnerjahre. Ich habe wirklich, wie geplant, viele Reisen unternommen. Am interessantesten war es auf Bali und in Israel. Deshalb zog es mich dort insgesamt je fünf mal hin. Von Bali schrieb ich an meine ehemaligen Arbeitskolleginnen und Kollegen folgende Verse:

7.01 r Rückblick 2004

97 war es so weit,
zu End´ für mich die Arbeitszeit.

Damals gab ich Euch mein Wort,
bestimmt geh´ ich oft ganz weit fort.

Seither ich sehr viel unternahm,
weit ich in der Welt ich rum kam.

Tunesien, Marokko und Tessin,
auch Türkei, Ungarn und Wien.

2 mal Ägypten, 5 mal Israel,
waren inzwischen schon mein Ziel.

Auch hier im Land´ kam ich viel rum,
In Thüringen, Sachsen sah mich um.

Ausgiebig war ich in Berlin
- ich rate Euch, fahrt dort mal hin!

Dabei lag Rügen grad´ am Weg,
es ist einfach `ne Reise wert.

Auch in Polen war ich schon,
zusammen mit meinem Sohn.

Erinnerungen hatte ich ganz klar,
Weil dies mal meine Heimat war.

Und bin ich mal nicht unterwegs,
langweile ich mich keineswegs.

Ehrenamtlich tuh´ ich dann Dienst,
wie´s für ´nen Rentner sich geziemt.

Kälte und Nässe machen krank,
weshalb ich lieber Sonne tank.

Deshalb fuhr ich in diesem Jahr
nach Bali, wo ich schon mal war.

Insel der Götter wird sie genannt,
Aussteigern und Hippis wohl bekannt.

Doch mehr bietet die Hindu – Kultur,
was ich ausgiebig vor Ort erfuhr.

Die Menschen sind gläubig, aber arm,
empfangen wird man hier recht warm.

Die erste Reise hierher war bewegt,
Habe eine Pflicht mir auferlegt.

Eine Bauersfrau sollt` eine Brille haben,
doch leider konnte sie sie nicht bezahlen.

Im Schlaf erschien die Großmutter mir,
die Frau bekommt `ne Brill` von dir.

Ich nahm mir vor, ich komme zurück
und bringe ihr das gewünschte Stück.

Bei Freunden und Bekannten dann,
ich viele alte Brillen fand.

Bei Brillen-Fielmann fand ich Rat,
Jede Brille hat nun ein Testat.

Wohlgemut kam ich dann,
in Denpasar mit Flieger an.

Womit ich aber nicht gerechnet hatte,
ein Zöllner stand nun auf der Matte.

Ah, Optiker sind sie bestimmt,
Schon er die erste Brille nimmt!

Verschenken ist aber mein Ziel,
denn arme Leute gibt es hier viel.

Eine Brille zu opfern war nicht viel,
mit 34 kam ich ans Ziel.

Der Erfolg war groß, die Leute beglückt,
hatten ihr Augenlicht wieder zurück.

Bald war ich im ganze Land bekannt,
wurde überall Brillenmann genannt.

Das Klima ist für mich verträglich,
genieße es 7 Wochen täglich.

Ich kam im Lande viel herum,
dazu ich meist ein Motorrad nahm.

Die Straßen sind hier nicht sehr breit,
und Schlagloch an Schlagloch sich reiht.

Am End` so einer Tages-Tour
half dann eine Massage nur.

Ein Institut bot mir sodann,
eine verbilligte 10-er Karte an.

So wurd`ich Stammgast auf der Stell`,
die Kosten reduzierten sich schnell.

25 € die Stunde war normal,
hier zahlte ich 2,40 € nur total.

Dafür mein Trinkgeld besonders groß,
1,50 € verdienten sie ja bloß.

Das brachte Freundschaften mir ein,
ehrliche, nicht nur zum Schein.

So hielt ich mich fit und war mobil,
viel zu sehen war stets mein Ziel.

Bei Hochzeiten und Kremation,
nahm ich teil, oft ganz spontan.

7 Wochen wie im Flug vergingen,
müsste nochmals Brillen bringen.

Im Mai bin ich wieder daheim,
In Deutschland wird´s warm dann sein.

Pauschalreisen dann für den Rest
mit meiner Frau, das steht schon fest.

In and´re Länder, das ist klar,
wo ich bisher noch niemals war.

Und nächstes Jahr, da wird man sehen,
nach Israel wollt´ ich noch mal geh`n.

Der Kibbuz mich noch interessiert,
hätt` dort das Leben gern studiert.

Ehrenamtlich ist doch klar,
ich sicher noch mal dort hin fahr.

Australien und auch Afrika,
als Reisewunsch sind auch noch da.

Ob ich es dorthin auch noch schaffe,
ich es der Zukunft überlasse.

Schön finde ich, dass es mir geht,
wie Rentnern, denen immer fehlt,

die Zeit zum Rasten und zum Ruh´n
weil sie immer haben was zu tun.
  Herzliche Grüße aus Bali von
    Georg Papke.

8.00 ISRAEL 2008

2008 beschlossen wir, mein jüngerer Sohn und ich, Im Sommer eine Fahrradtour zu machen. Sein ursprünglicher Vorschlag war eigentlich Island. Doch ich hatte das Gefühl, dort würde es ständig regnen und der Wind käme uns immer nur entgegen. Um das abzuklären gingen wir in die Stadtbibliothek. Auch da konnte er mich nicht überzeugen. Da kam mir dann der rettende Gedanke:

Im Nebenregal stand ISRAEL! Ich zog ein paar Bücher heraus und blätterte sie durch. Beide waren wir nicht abgeneigt, denn immerhin ist Israel ein sehr geschichtsträchtig Land. Und warm ist es dort auch. Wir nahmen also einige Bücher mit nach Hause, um uns näher damit zu befassen. Schnell fiel dann die E ntscheidung für Israel, obwohl es dort einige politische Spannungen zwischen Juden und Palästinenser gab. Sicherheitsbedenken gab es aber nicht. Nur

etwas vorsichtig müssten wir uns wohl verhalten. Damit stand nun das Land fest. Aber wie bekämen wir unsere Fahrräder dort hin? Also telefonierte ich mehrere Fluggesellschaften ab. Aber niemand konnte oder wollte mir auf Anhieb zusagen, dass es mit den Rädern klappen würde. Das Thema gab es bisher für die Fluggesellschaften noch nicht. Letztlich landete ich bei der israelischen Fluggesellschaft ARKIA. Die sagten mir sofort den Transport der Räder zu. Und das sogar kostenlos!!!
Nun konnten wir an die endgültige Planung gehen. Ich machte mir einen Plan für eine Rundreise durch das ganze Land. Mit Tagestouren zwischen 50 und 80 km pro Tag und ein paar Verschnauf-pausen. Also buchten wir 5 Wochen. Inzwischen habe ich zwei Radtouren durchs ganze Land gemacht und drei 5 - Wochen- Aufenthalte auf dem Kibbuz hinter mir. In Neot Smadar entstanden dann die folgenden Zeilen:

8.01 Erinnerungen
an Israel 2008

Fahradurlaub war die Idee,
Viel Sonne, Wärme , kein Regen, Schnee.

Was lag näher, lag auf der Hand,
als ISRAEL – das Heilige Land.

August `91 war es so weit,
mein Sohn und ich – also zu zweit.

Fahrräder mitnehmen – aber wie,
nur Arkia gab uns die Garantie.

Von Tel Aviv nach Askhelon,
von Mispe Ramon nach Shizzafon.

Hier waren wir gerne eine Nacht,
kostenlos im Kibbuz unter gebracht.

Dann nach Elat, zum Toten Meer,
war gar nicht mehr so schwer.

Im Jordantal nordwärts gerade aus,
kommt man am Toten Meere heraus.

Bei 400 Meter unter 0,
ist das Klima hier wirklich toll.

Völlig rein ist hier die Luft,
wird von Allergikern gern besucht.

Hier badeten wir ausgiebig nun,
denn es war Zeit etwas auszuruh`n.

Faszinierend ist es hier ja schon,
man kann nämlich nicht unter gehn.

Gegen Hautkrankheiten ist es fein,
die Haut wird davon wieder rein.

Was gut für Haut, schädigt den Magen,
das muss man jedem Besucher sagen.

Denn Vorsicht ist hier schon geboten,
ein Liter könnte Menschen töten.

Dann hieß es wieder weiter zieh` n,
denn es gab noch viel zu sehen.

Hinauf ging`s nach Jerusalem,
mehr als 1300 Höhenmeter immerhin.

War die Fahrt auch recht beschwert,
die Stadt Jerusalem ist sehenswert!

Die Altstadt hat besonderen Flair,
Ich komme immer gern hier her.

In der Altstadt suchten wir Quartier,
alles Sehenswerte vor der Tür.

Nach der Bibel kann man gehen,
um heilige Stätten anzusehen.

Mit Fahrrädern fuhren wir herum,
sahen uns manchen Ort hier an.

Die Knesset und auch Yad Vashem,
waren auf unserem Rundreiseplan.

Nach Tagen es dann weiter ging,
der Norden hat uns nun gewinkt.

See Genezareth war unser Ziel,
165 km pro Tag waren viel.

Auch hier gab`s eine kleine Rast,
diese Etappe hatte uns geschafft.

Nach Akko durch die Berge – klar,
auch keine leichte Strecke war.

An einem langen Berge stand,
ein eisgekühlter Wassertank!

Wohl vergessen beim Halt in Eile,
denn er stand noch keine lange Weile.

Wie ein Wunder erschien die Gabe,
wir konnten uns erfrischend laben.

Von Akko, Haifa nach Tel Aviv,
das Rad dann fast alleine lief!

Oft blieben wir ein paar Tage stehen,
um wichtige Orte anzusehen.

Insgesamt war diese Fahrt,
5 Wochen lang doch ganz schön hart.

Und das bei August- Temperaturen,
wir 1800 km fuhren.

Doch das Land, es ist zu schön,
um es nur 1 Mal an zu sehen.

97 mit Freund machten wir,
fast genau noch mal die Tour.

Im Kibbuz wieder Halt gemacht,
waren Gäste hier für eine Nacht.

Sehr innovativ und interessant,
ich damals diesen Kibbuz fand.

Mein Entschluss war gar nicht schwer,
als Rentner komm ich zum Helfen her.

98 dann zum ersten Mal,
ich für 5 Wochen gekommen war.

Die Datteln waren gerade reif,
Doch sie zu ernten, ist nicht leicht!

Sie hängen hoch, man glaubt es kaum,
mit Hubwagen erreicht man jeden Baum.

Die reifen jeweils nur zu ernten,
das war`s, was ich dabei schnell lernte.

2000 wieder nach Shizafon,
davon träumte ich lange schon.

Freundlich war`n die Leut zu mir,
deshalb war ich sehr gerne hier.

Frühjahr war es, Zeit zum Pflanzen ,
trotzdem blieb freitags Zeit zum Tanzen.

Obwohl inzwischen meine Knochen,
schafften gerade so die 5 Wochen!

Was hier geleistet Jahr für Jahr,
keineswegs selbstverständlich war.

Manch Detail wurde ausgeheckt,
viel Mühe und Arbeit rein steckt.

Joseph der große, weise Lenker,
er ist hier der große Vordenker.

Er hat mit Weitsicht und Bedacht,
alles hier mit ausgedacht.

Der Älteste ist er - außer mir,
Alle Helfer akzeptierten ihn.

Neidlos muss man gestehen,
inzwischen ist schon viel geschehen.

Zufrieden lehnt er sich nun zurück,
überlässt den anderen das Geschick.

Doch wenn sich keine Lösung findet,
ist er`s, der die Diskussion beendet.

Ein Donner ist von ihm zu hören,
Kein Widerspruch, ich kann es schwören.

Das Kunsthaus gerade im Ausbau ist,
kostet zusätzlich so manche Schicht.

Das Weinhaus fertig, schon wird gepresst,
der erste Rebensaft zum Fest.

Das Olivenhaus könnt schon gebraucht,
doch das ist noch nicht fertig gebaut.

Auch ein Milchhaus soll neu entstehen,
doch davon ist noch nichts zu sehen.

Milch von 350 Ziegen, die wird jetzt,
in einer Baracke täglich umgesetzt.

Der Kindergarten ist auch angefangen,
Gästehäuser werden bald begonnen.

Die Seen sind wohl weit und breit
in der Wüste eine Seltenheit.

Beide nun fast fertig sind,
ob da jemals ein Fisch drin schwimmt?

Tatsächlich, ich habe es erlebt,
die Seen sind jetzt voll belebt.

Darin schwimmen nun dicke Fische,
sind jeden Freitag auf dem Tische.

Wehmütig fast ging ich nun weg,
komm ich nochmals hierher zurück?

8 Jahre sind seither vergangen,
neugierig bin ich hier angekommen.

Ein neuer Name stand nun da,
jetzt heißt der Ort Neot Smadar.

Fast alle Bauwerke sind nun geschafft,
die Außenanlagen auch fertig gemacht.

Ein Sponsor fand sich, gab dazu Geld,
mit Schwung es an die Umsetzung geht.

Wasserspiele und Pergolen,
künftig den Gast begrüßen sollen.

Alleine das Kunsthaus wäre es wert,
dass man`s in der Literatur verehrt!

Dass diese Leistung wurd` geschafft,
verdanken sie nur der eignen Kraft.

Das Abwasser lief früher ohne Zweck,
stinkend einfach in die Wüste weg.

Pflanzenkläranlage, fiel mir ein,
könnte hier die Lösung sein.

Durch Pflanzen wird im Nu allein,
das Wasser wieder klar und rein.

Doch keiner mich so recht verstand,
deshalb hab viele Pläne hin gesandt.

Keine Antwort ging drauf ein,
sollt` das Problem vergessen sein?

Mein letzten Besuch war 2008,
der hat mich völlig überrascht.

Anstelle der einst stinkigen Seen,
eine Pflanzenkläranlage nun zu sehen.

Gebaut war sie von der EU
stand auf großem Schild dazu.

Schmunzelnd lehnt ich mich zurück,
hatte mein Vorschlag doch geglückt!

Doch die Arbeit hier, die wird mehr,
es müssten noch viele Helfer her.

Auch Verantwortung müssten sie tragen,
damit Josefs Idee aus ersten Tagen,

weiter wächst und gut gedeiht,
übersteht auch jede schlechte Zeit.

Ich wünsche dem Kibbuz Neot Smadar,
die Götter mögen`helfen – immerdar.
Neot Smadar, im Februar 2008.
Georg Papke.

9.00 NEUANFANG

2010 war bei uns ein sehr turbulentes Jahr. Eines Tages, so ganz nebenbei beim gemütlichen Sonntags-Frühstück, das übrigens ich schon immer zubereitete, machte meine Frau eine komische Bemerkung.

Sie sagte aus heiteren Himmel, dass sie sich jetzt am wohlsten fühlen würde, wenn sie ganz alleine wäre!?

Konnte es wirklich sein, dass sie sich in der Familie noch nie so richtig wohl gefühlt hatte???

Ich erwiderte nichts, denn es hatte mir fast die Sprache verschlagen. Den ganzen Tag brauchte ich, um das zu verdauen. Später hakte ich nach. Und tatsächlich meinte sie, dass sie sich nun alleine wohler fühlen würde. Daraufhin machte ich den Vorschlag:

Haus verkaufen und Trennung!?

Sie war sofort einverstanden.

Einfach komisch!!!

Danach ging alles verhältnismäßig

schnell. Wir gaben eine Anzeige auf und es meldeten sich eine Unmenge Interessenten. Zwar musste ich gleich einige aussortieren, weil sie einfach nicht über die nötigen Finanzen verfügten. Aber es fand sich bald der richtige Käufer.

Meine Frau wollte nach Bad Urach ziehen, weil sie dort in den Kriegsjahre als Kind bei Verwandtschaft gelebt hatte. Sie suchte sich in eine 3-Zimmer-Wohnung, die sie kaufte und dort einzog. Ich blieb mit dem Rest sitzen. Ganz alleine habe ich dann das Haus mühselig ausgeräumt. Ich fand eine 2-Zimmer-Wohnunh in einer Nachbarstraße, in die ich ein paar Möbel mit nahm. Beim Umzug halfen mir tatkräftig mein Schwager Wolfgang und sein Vetter Manfred.

Bald hatte ich die Umzugskartons alle ausgepackt und alles eingeräumt. Nun machte ich viele Spaziergänge und natürlich blieb ich auch dem Sport treu. Da es auf den Herbst zu ging und das

Wetter schlechter wurde, verlegte ich meine Aktivitäten auf *home office*.

Und schon wurde es mir langweilig. Nun stand fest, dass ich kein Einzelgänger bin! Obwohl ich eine neue Beschäftigung fand. Mein Buben hatten mich nämlich schon lange gebeten, meine interessanten Erlebnisse und Reisen zu Papier zu bringen, weil man sonst alles wieder vergessen würde. Bisher hatte ich mich aber immer gewehrt, weil ich weder Zeit, noch Talent dazu hätte.

Jetzt hatte ich wenigstens Zeit!

Das hieß, dass ich mich nun endlich an die Arbeit machte, meine Vergangenheit schriftlich zu dokumentieren.

An einem regennassen Tag setzte ich mich hin und beschrieb einige Seiten mit der Hand. Bald erkannte ich jedoch, dass dies der völlig falsche Weg war. Da ich schon einen PC besaß, begann ich nun mit zwei Finger auf dem PC zu schreiben.

Es klappte!

Nebenher stellte sich am PC immer wieder Reklame ein. Auch von Vermittlungsportalen. Das machte mich natürlich mit der Zeit neugierig! Und ich klickte mich rein. Nach einigem Vergleich entschloss ich mich, tatsächlich mich bei 50+ fest anzumelden. Ich klickte mich durch die vielen Angebote, aber bei fast allen fand ich ein Haar in der Suppe! Also war es doch nicht so einfach, musste ich etwas enttäuscht feststellen. Schließlich blieb ich bei einer hängen und schrieb sie sogar an. Ich bekam auch prompt eine sehr nette Antwort. Nach einiger Zeit tauschten wir sogar die Telefon-Nummern aus und telefonierten täglich so lange, bis der Akku jeweils leer war. Nach einigen Monaten überlegten wir dann sogar ein Treffen. Und das lief folgendermaßen ab:

9.01 Unser erstes Treffen

Am neunten neunten 2010
hab ich Dich im Internet gesehn.

E Mails hin und E Mails her,
wir kamen uns so immer näher.

4 Monate lang Tag für Tag
stundenlang Telefon-Kontakt.

Dann kam es mir so in den Sinn,
ich fahr`mal zur Cousine hin.

Von Achern könnt`ich, das ist wahr,
`nen Umweg machen über Lahr.

Gesagt, getan – es kam die Zeit,
im Januar 11 war es so weit.

"Das ginge jetzt nicht, oh je, oh je,
In Lahr läge ein Meter Schnee!"

Das war mir jetzt ganz einerlei,
wollte sehen wer ist denn Candy 2.

Nicht zur Cousine, das war klar,
mein Ziel war nun direkt nach Lahr.

Forsch fuhr ich los, mutig und keck,
mit Pralinen und Blumen im Gepäck.

Je näher ich dem Ziele kam,
verließ mich dann doch mein Elan.

Als Empfangstrio fürchtete ich schon
Mutter, Tochter und Schwiegersohn.

Sie könnten an der Türe steh`n
mich gleich hier in die Mangel nehm`n.

Wie könnt` ich mich dagegen schützen?
Schon der Gedanke ließ mich schwitzen.

Mit Spaß und Witz könnt` ich erreichen,
das Prüfungstrio doch zu erweichen.

Manchmal der Zufall ist im Spiel,
so kam es anders auch bei mir.

„Rechts ab, dann sind Sie vor der Tür",
höhnte die Navi-Frau zu mir.

In dem Moment aber genau,
vor mir ein Auto stand mit Frau.

„Fahren Sie zu, sie wartet schon!"
Entspannung war der schönste Lohn.

Tochter Nancy hatte den Spruch gemacht
und dabei schelmisch nur gelacht.

Das ließ ich mir nur einmal sagen,
„Jetzt packe ich den Stier beim Kragen!"

Ungeduldig drück`t ich die Klingel,
da stand sie nun - der blonde Engel!

In die Arme nahmen wir uns jetzt,
denn keiner war wohl sehr entsetzt.

Der Tag war schön und auch die Nacht,
harmonisch haben wir es verbracht.

Erst nach 3 Tagen fuhr ich heim,
der letzte Besuch sollt` es nicht sein.

Denn bald schon war ich wieder da,
länger wurd` es mal für mal.

Die Zukunft machte uns Gedanken,
langsam kam Christa ins Wanken.

Freundschaft stand in ihrem Profil,
Patrnerschaft war eher mein Ziel.

"Für Partnerschaft gäb`s keinen Grund,
lieber hätt` sie wieder einen Hund!"

Bald wurde ich ihr bester Schatz,
chancenlos waren Hund und Katz!

Eines Tages sagt sie ganz klar,
zieh` einfach doch hierher nach Lahr!

Im September 12 zog ich hier ein,
ständig wollten wir beisammen sein.

2 Jahre kennen wir uns nun schon,
Liebe ist wohl der schönste Lohn.

Ich wünscht` wir würden lang noch leben
und so wie heut` uns immer lieben.
                    Dein Georg.

9.02 CHRISTA
ZU WEIHNACHTEN 2012

Im Frühjahr 2011 hatten wir uns kennen
gelernt.
Hier mein Gruß zu Weihnachten:

Von Georg an Christa
Kaum zu glauben - doch es ist wahr,
wir kennen uns schon fast ein Jahr.

Schön ist es im Alter frei zu sein,
noch schöner ist es doch zu zwei`n.

Dem Andren eine Freude machen,
ist besser, als allen zu lachen.

Gibst Du dem And`ren - glaub es mir,
gibt er zurück viel mehr zu Dir.

Gut haben wir uns zusammen gerauft,
Ringe der Freundschaft ausgetauscht.

Denn auch nach außen woll`n wir zeigen,
dass wir zu echter Freundschaft neigen.

So gehen wir nun ganz verwegen,
der Zukunft Hand in Hand entgegen.

Für uns beide wär es wunderbar,
wenn es noch bliebe viele Jahr`.
                    Das wünscht Dir Georg.

9.03 AN CHRISTA
NACH EINEM JAHR

Nun war ich also bei Christa einge-
zogen. Und ein ganzes Jahr war seither
vergangen. Grund einen Rückblick zu
tun:

Nach einem Jahr
Am 15.1. unsere Freundschaft begann,
ein ganzes Jahr seither verrann.

Unheimlich schnell zog es vorbei,
so meinten jedenfalls wir zwei.

Das ist normal, wenn man sich liebt,
Jeder dem Anderen alles gibt.

Im Alter muss man leider seh`n,
schwer ist es sich umzugewöh n.

Marotten haben sich breit gemacht,
woll`n Vorherrschaft mit aller Macht.

Gefragt ist nun der Kompromiss,
nur so klappt es dann ganz gewiss.

Im Alltag kann man wohl am besten,
die Gemeinsamkeiten testen.

Täglich gibt es kleine Test`s,
schön ist das Versöhnungsfest.

Weil wir uns gut zusammen gerauft,
hab`n wir Freundschaftsringe gekauft.

Damit zeigen wir ganz klar,
dass das Jahr erfolgreich war.

Im zweiten Jahr - wir werden sehen,
soll`s auch mal weiter weg gehen.

Rügen, Hamburg oder Berlin,
beide wollen wir es sehen.

Gemeinsam werden wir es schaffen,
das Beste draus zu machen.

Woll` n hoffen, dass die Sonne scheint,
der liebe Gott es gut mit uns meint.
Dein Georg

9.04 RÜCKBLICK
NACH 2 JAHREN

Zum 2-jährigen
Kinder wie die Zeit vergeht,
am 15. ist`s wieder so weit.

2 Jahre sind nun schon vergangen
seit wir das Wagnis hier begannen.

Vorher waren beide wir allein
jetzt machen wir alles zu zwei`n.

So manches Hoch und auch Tiefen,
galt es gemeinsam zu durchschiffen.

Doch in der Summe ging es gut,
alle zieh`n vor uns den Hut.

Wenn man bescheiden und sich liebt,
der Herrgott seinen Segen gibt.

Wie viel Jahr` auch noch vergehen,
ich werd immer zu Dir stehen.
                    Ich liebe Dich!!!

9.05 RÜCKBLICK
NACH 4 JAHREN

Nun waren schon 4 Jahre vergangen, seit wir und begegnet sind. Zeit für ein kleines Gedicht:

4. Kennenlerntag

Vor 4 Jahren stand ich vor Deiner Tür,
nun wohne ich schon lange hier.

Schön waren die Jahre bis hierher,
ich hoffe, es folgen noch viel mehr.

Lass`mich mit den Worten schließen,
möcht`mit Dir noch vieles genießen.

Dein Räuber Georg.

9.06 RÜCKBLICK
NACH 6 JAHREN

Nach 6 Jahren wollte ich einen kleinen Rückblick wagen. Dazu diese knappen Verse:

6. Kennenlerntag

Vor gut 6 Jahren fing alles an,
per Internet und dann per Telefon.

4 Monate haben wir gebraucht,
haben viel mit einander ausgetauscht.

Im Schwarzwald lag sehr viel Schnee,
ein Besuch war deshalb lange passee`.

Doch als der Schnee auf ein Meter sank,
ich den Weg nach Lahr dann fand.

Fast 6 Jahre sind es nun schon,
seit ich nun`bei Dir hier wohn`.

Höhen gab es und auch Tiefen,
Manchmal war`s schon zum Schießen!

Gleicher Meinung sind wir nicht immer,
manchmal streiten wir nicht minder.

Immer muss es uns gelungen,
friedlich zusammen zu finden.

Ich hoff', dass wir es künftig schaffen,
uns immer wieder zusammen zu raffen.

Gesundheitlich geht`s rauf, mal runter,
überstanden bisher alles munter.

Ob es die Augen waren oder die Zähne,
zu schaffen waren bisher die Probleme.

Vorsicht heißt es mit den Knochen,
ganz schnell ist ein Glied gebrochen.

Ein großes Problem im Alter ist,
man stolpert über den geringsten Mist.

Zum Glück haben beide wir stets,
solche Stürze heil überlebt.

Calcium hilft vorbeugend meinst,
wenn man es regelmäßig verspeist.

Mit Bewegung und mit gutem Willen,
ließ bisher sich manch`Wehchen stillen.

Die Zeit hat schon Spuren hinterlassen,
ich möcht`den Ort nicht mehr verlassen.

Und deshalb, müssen wir sehen,
auch weiterhin zusammen zu stehen.

Glaube mir Christa, ich lüge nicht,
ich mag Dich nicht nur, ich liebe Dich.
                          Dein Georg.

9.07 Für Christa

Ein paar Zeilen mal so ganz ohne einen Anlss.

Für Christa

*Ein Mensch mit weißen Haaren
ist wie ein Haus,
auf dessen Dach Schnee liegt.
Das heißt aber noch lange nicht,
dass im Herd kein Feuer mehr brennt!!!*

Dein Georg

9.08 CHRISTA
ZUM 68.GEBURTSTAG

Das Allerschönste hier auf Erden
ist lieben und geliebt zu werden!

Auch wenn ich es nicht immer sage,
ich weiß doch ,was ich an Dir habe.

Denk` stets daran, vergiss es nicht,
ich liebe Dich, so wie Du bist.
Dein Georg

9.09 CHRISTA
ZUM 69.GEBURTSTAG

Wieder war es Zeit, ein paar Zeilen zu
schreiben, wenn sich manches nun auch
schon wierholte.

Liebe Christa

*Ich wünsche Dir von ganzem Herzen
täglich Freude, keine Schmerzen.*

*Dazu versprech` ich gerne Dir,
immer bin ich für Dich hier.*

*Täglich werd` ich mich bemühen,
Deine Wünsche zu erspühren.*

*Solltest Du mal traurig sein,
fällt mir gewiss dazu was ein.*

*Ne` Storry würd` ich Dir erzählen,
und Dein Gemüt damit erhellen.*

*Doch dazu bedarf es einer Kraft,
die über uns die Ordnung schafft.*

Drum bitte ich den Herrgott heut`,
beschütze uns vor großem Leid.

Gib Gesundheit, Kraft und Segen,
damit wir lang` uns können regen.

So könnt`s gemeinsam uns gelingen,
noch viele Dinge zu vollbringen.

In vollen Zügen und zu zweit,
genießen wir die schöne Zeit.

Vielleicht schaffen wir so 100 Jahr`,
auch wenn schon schüttern unser Haar.

Froh bin ich, dass es Dich gibt,
Ich habe Dich auch ganz dolle lieb.

Dein Georg.

9.10 CHRISTA
ZUM 70.GEBURTSTAG

Liebe Christa
Liebe Christa es ist wahr,
heute Du bist 70 Jahr.

Ich bitte unsern Herrgott heut`
Beschütze Dich vor großem Leid.

So kann es grade weiter gehen,
wirst viele Jahre überstehen.

Das ändert auch nicht Sturm und Regen.
Du bist nämlich hart im Nehmen.

Bleibe grade so, wie Du jetzt bist,
vor allem bleibe Optimist.

Wie viele Jahr auch noch vergeh` n
ich werde immer zu Dir steh`n.

Ich bin froh, dass es Dich gibt
Ich hab` Dich immer herzlich lieb.
                              Dein Georg

9.11 CHRISTA
ZUM 71.GEBURTSTAG

Mit Dir

zusammen zu sein ist wie ein Traum,
ein Traum voller Zärtlichkeit.
Deine Wärme,
die ich spüre, lässt meine Zuneigung
und meine Liebe zu Dir wachsen.
Dein Haar
glänzt in der untergehenden Sonne
wie Seide.
Deine Haut
ist weich wie Samt, wenn ich Dich
berühre.
Deine Augen
sind so klar wie zwei Bergseen.
Dir
möchte ich dauernd in die Augen
schauen.
Dir
möchte ich sagen, dass ich Dich nicht nur
mag.

Ich küsse Dich, um Dir zu zeigen
„ICH LIEBE DICH"

9.12 CHRISTA
ZUM 75. GEBURTSTAG

Der 75. Geburtstag war doch ein recht markantes Datum. Und ich ließ mich zu einerm ausführlichem Rückblick hinreißen. Freilich habe ich nicht alles so mit erlebt, aber Du hast mir oft davon erzählt.

Liebe Christa

Liebe Christa, es ist wahr,
Du wirst heute 75 Jahr`.

Gewagt war es , blickst Du zurück,
Tiefen gab`s, auch Höhn`zum Glück.

Deine Kindheit war in Kamen,
oft erinnern Dich noch Ort und Namen.

Manchmal ist die Zeit noch richtig nah,
Oma war immer für Dich da.

Der Krieg vorbei zum Glück,
Dein Vater kam nicht mehr zurück.

Mit 15 verließest Du Dein Heim,
England sollt`die neue Heimat sein.

Nach Gretna Green ging`t Ihr allein,
ohne Mutter einzuweih`n.

Dann kam Steven auf die Welt,
die Zeiten schlecht und knapp das Geld.

Das Glück war Euch nicht beschieden,
die Ehe wurde bald geschieden.

Woanders suchtest Du Dein Glück,
kamst dazu nach Haus zurück.

Bei den kanadischen Soldaten,
war einer wohl recht gut geraten.

Die Welt erschien wieder Dir holt,
Nancy kam bald auf die Welt.

Viele Jahre ging es gut,
dann nahm Jack plötzlich den Hut.

Bin kurz mal weg, gleich wieder da,
seither keiner ihn mehr sah.

Du warst danach nicht nur allein,
Schulden hattest Du, obendrein.

Niefelsteins gehen nicht schnell unter,
harte Arbeit hielt Dich munter.

Glaubt man dann, man hat nie Glück,
kehrt es unverhofft zurück.

Erich, mit österreich`schem Charm,
nahm Dich plötzlich in den Arm.

15 Jahre war es schön,
leider musste er dann geh`n.

Wer ist es, der hier bestimmt
und uns die Allerliebsten nimmt?

Zurück bliebst Du nicht ganz allein,
Haus und Garten war`n jetzt Dein.

Nancy und Richard im Hause hier,
sind zuverlässige Helfer Dir.

Bei 50+ im Internet,
fandest Du die Leute nett.

Suchtest Freundschaft aber nur,
das war Deine Absicht hier.

Lange schrieben wir uns jetzt, auch
manche Stund` wurde verschwätzt.

Nach 3 Monaten endlich dann,
kam ich erstmals bei Dir hier an.

Wurde freundlichst empfange hier,
offen stand für mich die Tür.

Nach Jahren zog ich bei Dir ein,
seither meistern wir`s hier zu zwein.

Die Gesundheit ist ein Problem,
mal geht es gut, mal nicht so schön.

Der Vergleich zu anderen aber zeigt,
unser Pendel oft nach oben zeigt.

Ich wünscht`, daß Du noch viele Jahre
ohne Schmerzen darfst erfahren.

Mit Mut und mit viel Zuversicht,
kommt dann die 100 bald in Sicht.

Bleib` gesund und Optimist,
dann geht es leichter als es ist.

Das wünsch ich Dir von ganzem Herzen
Viel Geduld und wenig Schmerzen.
                    Dein Georg

9.13 CHRISTA
ZUM 80. GEBURTSTAG

Lieb Christa, wie doch die Zeit vergeht. Ich weiß, dass Frauen sich nicht gerne ihr hohes Alter vorhalten lassen. Aber es ist schon etwas Besonders, wenn man ein so stolzes Alter erreicht hat. Deshalb diese Zeilen für Dich.

Liebe Christa

Lieb Christa es ist wahr
Du bist heut wirklich 80 Jahr!

Stunden nur, bald hätt Dich gebracht,
der Weihnachtsmann in voller Pracht.

Als Kind lebtest Du gern in Kamen,
Heut noch kennst Du manchen Namen.

Die Zeit ist für Dich noch ganz nah,
Oma und Opa waren für Dich da.

Der Weltkrieg war endlich vorbei,
viele Soldaten kehrten heim.

Nur Dein Vater war nicht dabei,
es hieß, dass er gefallen sei.

Oder in Afrika vermisst,
dies leider nur die Auskunft ist.

Mit 15 wolltest Du schon sehen,
ganz auf eignen Beinen zu stehen.

England war Dein erstes Ziel,
ein fescher Bub Dir dort gefiel.

In Gretna Green ließt Ihr Euch trauen
um eine Zukunft aufzubauen.

Schlechte Zeiten und wenig Geld,
da genau kam Steven auf die Welt.

Nicht lange währte Euer Glück,
mit Steven im Arm kehrst Du zurück.

Bald fasstest Du dann wieder Tritt,
ein Kanadier war dein neues Glück.

Jahre ging es Euch sehr gut,
dann nahm Jack einfach den Hut.

Schulden hatten ihn erdrückt,
deshalb er einfach ausgerückt.

Damit ließ er Dich hier allein,
das war für Dich `ne große Pein.

Wenn man keine Hoffnung sieht,
geht einem auf ein neues Licht.

Mit österichischem Charm,
nahm Erich Dich in seine Arm.

15 Jahre sind Euch geblieben,
dann ist er von Dir geschieden.

Man fragt sich - wie kann es sein,
wer greift in unser Schicksal ein?

Haus und Garten waren jetzt Dein,
zu bewirtschaften ganz allein.

Zum Glück aber wohnten hier,
Nancy und Richard Tür an Tür.

Trotzdem warst Du nun ganz allein,
soll das in Ewigkeit so sein?

Bei 50+ im Internet,
fandest Du die Leute nett.

Du suchtest hier zwar keinen Mann,
da klopfte ich leise bei Dir an.

Freundschaft stand in Deinem Profil,
Partnerschaft war eher mein Ziel.

Für Partnerschaft gäb`s keinen Grund,
lieber hätt` st Du einen Hund.

Keine Chance hat Hund und Katz,
mich wähltest Du als Deinen Schatz.

Nach 2 Jahren sagtest Du dann klar,
zieh doch einfach zu mir nach Lahr.

12 Jahre sind nun schon vergangen,
seit wir das Wagnis hier begannen.

Vorher waren beide wir allein,
jetzt machen wir alles hier zu Zwei`n.

So manches Hoch, aber auch Tiefen,
galt es behutsam zu umschiffen.

Doch der alte Spruch hat was für sich:
"Alte Bäume verpflanzt man nicht!"

Nicht immer ist die Meinung gleich,
im Alter ist das auch nicht leicht.

Nach ein paar Tage schmollen,
wir dann doch wieder reden wollen.

Die Gesundheit - mussten wir sehn,
birgt im Alter so manch` Problem.

Ob Zähne, Augen, Herz, ob Knochen,
Zum Glück war niemals was gebrochen.

Mit Salbe, Wärme und mit Pillen
ließ bisher jeder Schmerz sich stillen.

Schlägt das Gesicht nun langsam Falten,
wir Beide bleiben doch die Alten.

Möge es recht gut Dir ergehen,
Eisern trotz Du Sturm und Regen.

Bleibe grad` so wie Du jetzt bist,
vor allem aber, bleib Optimist.

Dann ist das Leben zu ertragen,
schnell vergisst man dann die Plagen.

Ich bitte unsern Herrgott heut`,
beschütz` er Dich vor großem Leid.

Dann wirst Du 100 - wetten wir,
das feiern wir dann wieder hier.

Zum Schluss nun, möcht` ich Dir sagen,
Immer werd` ich lieb Dich haben`.

Glaube mir, ich lüge nicht,
ich mag Dich so wie Du jetzt bist.

Dein (ehemaliger) Räuber
aus Reutlingen.

9.14 GEORG
ZUM 83. GEBURTSTAG

Zum 83.Geburtstag bekam ich ein
interessantes Gedicht von Christa.

Georg, 83. Geburtstag

*Und wieder ist ein Jahr vorbei -
ich kann es gar nicht glauben.
da muss wohl jemand unentwegt,
an unserer Zeituhr schrauben.*

*Drum wünsch ich Dir am heut`gen Tag
nicht irgendwelche Sachen.
Nein, mein Wunsch für Dich ist "Zeit",
zum Leben, Lieben, Lachen:*

*Zeit, um Deine Wünsche zu erfüllen,
Zeit, um Deine Reiselust zu stillen,
Zeit, für all` Dein Tun und Denken,
Zeit, um Neues auszudenken.*

*Zeit, Dich zu freuen und zu lachen,
Zeit, um verrückte Dinge zu machen
Zeit, um noch vieles zu erleben,
Zeit, zum relaxen und Gas geben.*

Zeit, um noch viele Bücher zu schreiben,
Zeit, um stets am Ball zu bleiben,
Zeit, zum Hämmern und zum Sägen,
Zeit, um Freundschaften zu pflegen.

Zeit, um noch oft den Rasen zu mähen,
Zeit, um noch lang zum Sport zu gehen,
Zeit, um Pflanzen und zum Begießen,
Zeit, um die Sonne zu genießen.

Möge die kommende Zeit gut zu Dir sein
und Dich mit Glück, Gesundheit und
Zufriedenheit überhäufen.
Das wünsche ich Dir von ganzem Herzen,
Deine Dich liebende Christa.

9.15   GEORG
ZUM 88. GEBURTSTAG

Zu meinem 88. Geburtstag bekam ich
von Christa wieder ein nettes Gedicht,
das ich hier wieder geben möchte:

Georg, 88. Geburtstag
88 Jahre hier auf Erden
möchte mancher von uns werden.

Du hast dieses Ziel erreicht -
sicher war`s nicht immer leicht.

Krieg und Aufbau, Leid und Glück,
zeigen sich beim Blick zurück.

Doch was ist Vergangenheit
anderes als gelebte Zeit?

Hier, bei Dir, pulsiert das Leben!
Bist von Kindern jetzt umgeben,

die das Leben weiter tragen
und sich an die Zukunft wagen.

Du schaust still vergnügt auf`s Jetzt,
das man häufig unterschätzt

und in diesem Augenblick,
liegt Dein ganzes Lebensglück.

Deine Christa

9.16 GEORG
ZUM 89 GEBURTSTAG

Zu meinem 89. Geburtstag überraschte mich Christa mit diesem Gedicht:

Für Georg

Sie vermehren sich ganz leise,
uns're Jahre mit der Zeit.
Mancher wird ein bisschen weise,
And're werden nie gescheit.

Ein wenig Glück gehört dazu,
ein hohes Alter zu erreichen.
Nicht jeder schafft es so wie du,
damit setzt du glatt ein Zeichen.

So reich an Jahren, an Erfahrung,
so viel gesehen und erlebt,
es war nicht alles Offenbarung,
nicht alles kam, was angestrebt.

Auch viel Schönes und viel Freude,
hat dir das Leben schon gebracht.
War es manchmal nicht einfach,
hast du das Beste draus gemacht.

Respekt und auch Bewunderung,
für alles was du hast erreicht.
Erfährst Du heut` von alt und jung
mancher wünscht es für sich vielleicht.

Auch ihm gelänge mal soviel,
denn mit voller eigner Kraft,
kommt man auch an sein Ziel,
freut sich weil ganz selbst geschafft.

D'rum möchte ich an diesem Tag
fröhlich auf dich mein Glas erheben.
Und wenn`s auch zwickt und zwackt
So heißt es doch: WIR LEBEN!

Möge es noch sehr lange bei dir zwicken
und zwacken!
Das wünscht Dir Christa,
♥denn ich liebe dich♥

10.00 RÜCKBLICK

10.01 MEIN 90.GEBURTSTAG

Zu meinem nun bevorstehenden 90. Geburtstag schien es mir an der Zeit, einen Rückblick zu tun. Dabei stellte ich fest, dass es manchmal schon ganz schön rauf und runter zugegangen ist in meinem leben.

Wie konnte ich das alles nur bewältigen? Auch stellt sich unwillkürlich die Frage, ob ich das alles noch einmal erleben möchte. Natürlich neigt man sofort dazu zu sagen: "Ja, ich bin dabei, dann kann ich versuchen, vieles besser zu machen!" Doch bei genauer Betrachtung muss man sich dann doch eingestehen, es ist besser so, wie es ist.

Gut, es gab neben angenehmen Seiten auch viele dunkle Ereignisse. Aber ein Optimist neigt eher dazu sich nur noch an die guten Dinge zu erinnern und die schlechten Zeiten ganz nach hinten zu verschieben oder gar ganz zu verdrängen. Und das ist auch gut so. Genau so habe ich es mein Leben lang gehandhabt und werde auch für den Rest dabei bleiben. Dies ist nun das Ergebnis meines Rückblickes. Er ist sehr lang, genau so wie mein bisheriges Leben:

Rückblick
zu meinem 90.Geburtstag!

Begonnen hat es in der Nacht,
da hat der Storch mich wohl gebracht.

Erinnern kann ich mich nicht mehr,
es ist ja schon so lange her.

Man glaubt es kaum, doch ist es wahr,
es war genau vor 90 Jahr`.

Seither viel Wasser ist geflossen,
auch viele Tränen sind vergossen.

Manch schöne Zeiten war`n dabei,
das stell` ich fest ganz zweifelsfrei.

Und weil ich selbst ein Optimist,
fast nur Gutes am Ende übrig ist.

Die Kinderjahre waren toff, (schön)
viel Freiheit gab es auf dem Hof.

Zum Spielen gab es viele Sachen,
man konnte praktisch alles machen.

Sogar `nen Spielplatz hatten wir,
und den direkt vor unserer Tür.

Dazu `ne Schaukel und ein Reck,
daran zu Turnen war der Zweck.

In uns` rer Werkstatt war ich gern,
man hörte mich von nah und fern.

Mein Spielzeug bastelte ich allein,
andere kauften es im Laden ein.

Sägen, hobeln, zusammen bauen,
manches würd` für Patente taugen.

Die Phantasie in vollem Lauf,
manch Erwachsener kam nicht drauf.

Ne` Seifenkiste war mein Renner
das war schon was für richt`ge Kenner.

Dabei so manches Werkzeug litt,
den Vater ich um Verzeihung bitt`.

Natürlich gab`s auch mal Tiefs,
ich dann schnell zum Nachbarn lief.

Der mittlere Sohn, der hieß Walter,
inzwischen schon in höh`rem Alter.

Bei ihm war immer etwas los,
manchmal auch harte Arbeit bloß.

Bei seinen Bienen waren wir oft,
auch Bienenstiche gab`s unverhofft.

Das machte mir niemals was aus,
mit einer Zwiebel rieb er es aus.

Spielend lernte er mich an,
was später mir zu Gute kam.

Oma war der Mittelpunkt,
den ganzen Laden hielt sie in Schwung.

Sie war nicht nur zum Kochen da,
auch uns Kinder sie versah.

Hatte ich mal ein Problem,
ging ich zu meiner Oma hin.

Jeder Ärger prompt verschwand,
weil sie dazu `ne Lösung fand.

Abends bracht sie uns ins Bett,
mit viel Geschichten - das war nett.

So nebenbei, das war ganz klar,
sie auch das Kleinvieh noch versah.

Hühner, Enten, Gänse, Küken,
hatte sie stets noch zu hüten.

Sie war kurz um, einfach gesagt,
der Problemlöser, stets unverzagt.

Die Mutter war notgedrungen,
bei Hof- und Feldarbeit gebunden.

So war`s früher, so nur konnt`s sein,
jeder sprang für jeden ein.

Hart war es schon, des Bauern Los,
wenig Vergnügen - Arbeit bloß.

Trotzdem waren alle froh,
denn man kannte es nur so.

Der 2.Weltkrieg bracht` viel Leid,
doch schlimmer noch die Folgezeit.

Von Pommern wurden wir vertrieben,
ließen hier alles stehen und liegen.

Polen heißt die Heimat nun,
wir mussten weg nach Westen zieh`n.

Ostzonenverwandtschaft unser Ziel,
auch wenn` s uns dort gar nicht gefiel.

Vater 2 Jahre in Gefangenschaft,
Mutter vom Kriege krank gemacht.

Nicht mal zu essen hatten wir .
Bettelten bei Bauern von Tür zu Tür.

Als Kind schon war mir sonnenklar,
Die Landwirtschaft für mich nichts war.

Förster werden, das wär` schön,
immer durch die Wälder ziehn.

Tiere machten mir viel Spaß,
einen Hund ich damals schon besaß.

Der war mein ständiger Begleiter,
als Beschützter stimmte er mich heiter.

Doch nun die raue Wirklichkeit
hatte viele Unannehmlichkeit.

Mutter schaffte nicht genug,
deshalb ich zum Verdienst beitrug.

Jetzt war ich sogar bereit,
zu opfern jede freie Zeit.

Eine Bäuerin, wie konnt`s anders sein,
stellte mich zur Feldarbeiten ein.

Erst 11 Jahre war ich kleiner Wicht,
doch bei der Arbeit zählte das nicht.

An Erwachsenen wurde ich gemessen,
bei der Arbeit, nicht etwa beim Essen.

2 Mark, ein Essen war der Lohn,
heute erscheint`s wie blanker Hohn!

Das war für mich ein hartes Los,
das tut man aus Verzweiflung bloß.

Der Abschluss war doch recht schön,
ein Ferkel war am End der Lohn.

Nach 2 Jahren gut genährt,
wurde es von uns verzehrt.

Ein neues Kapitel brach nun an,
eine Lehre fing ich an.

Grundschule, Lehre und was nun?
Ich wollte gern was anderes tun.

Denn sehr schnell wurde mir klar,
welch` harter Beruf, der Schreiner war.

Habe mich gründlich informiert,
alle Möglichkeiten recherchiert.

Das war damals noch recht schwer,
nicht mal ein Telefon besaßen wir.

Auskünfte bekamst Du also nur
mit eig`ner Handschrift auf Papier.

Das war damals nicht ganz leicht,
was heute keiner mehr begreift.

Heut` greift man nur zum Telefon,
sofort man hat den Partner schon.

Per Internet hast Du sogar schnell
die Antwort schriftlich auf der Stell.

Die Hochschule Weimar bot an,
dass ich das ABI nachholen kann.

Schnell war dieses Ziel erreicht,
nun war ich zum Studium geeicht.

6 Jahre Studium waren perfekt,
hab vielen Schweiß hinein gesteckt.

Bis zum Diplom war es schon hart,
dann ins Berufsleben der Start.

Schnell wurde mir nun klar,
das dies `ne gute Ausgangslage war.

Zuerst nach Leipzig, dann Berlin,
dort zog es schließlich alle hin.

Die Forschungsarbeit war mir neu,
war bald mit Kopf und Herz dabei.

Viel neue Ideen hatten wir,
umzusetzen war nun das Ziel.

Dann kam die Stasi ungebeten,
beinahe hätt` sie mich zertreten.

Überall vermutlich Wanzen,
nirgends konnt` man sich verschanzen.

Die Flucht nach Westen war enorm,
2,7 Millionen Menschen warn es schon.

Die Ost-Wirtschaft - unverholen,
lag fast völlig schon am Boden.

Dann, 62 im August,
keiner hat davon gewusst,

ließ Ulbricht eine Mauer bauen,
jetzt konnte niemand mehr abhauen.

Keiner war nun wirklich frei,
mit der Freiheit war`s total vorbei.

Alles wurde dicht gemacht
und das praktisch über Nacht.

Inzwischen konnt` man sicher sein,
die Stasi schaut und hört in alles rein.

Jedes private Telefonat,
die Stasi mitgeschnitten hat.

Auch jedes Paket wurd` kontrolliert,
manche Ware sogar konfisziert.

Beim Kaffee oder auch Pralien,
sich die Kontrolleure gern bedienten.

Die Arbeit machte mir viel Freud,
hab eine Großbaustelle betreut.

Doch eines Tags, es war im May,
kam ein fremder Mann vorbei.

Ganz unauffällig, meinte er,
kam mit einem West-VW daher.

Doch was er wohl nicht ganz bedacht,
beim Ledermantel schöpft` ich Verdacht.

Schon ging bei mir die Lampe an,
war das etwa ein Stasi-Mann?

Sofort nahm ich mich nun acht,
damit ich keine Fehler mach.

Aber ohne viel zu sagen
hatte er nur Fragen, Fragen!

Ich schaltete auf Gegenwehr,
kam mit viel Beschwerden daher.

Die Versorgungslage sei sehr schlecht,
so würde bald nichts mehr geschafft.

Zu fürchten sei ein größ`rer Schaden,
Das Volk wollt` auf die Barrikaden!

Zugleich bot auch ein andrer Mann,
meiner Freundin Reise-Pässe an.

Nicht genug, mir wurd` bald klar,
ihr Ziel auch meine Wohnung war.

Mit Nachschlüssel, ganz ungemein,
drang einer in meine Wohnung ein.

Nach langem Grübeln wurd` mir klar,
die lecke Stelle ich wohl war.

Kollege Jürgen nur in Frage kam,
der meinen Schlüssel an sich nahm.

So langsam wurde mir nun klar,
dass hier nicht meine Zukunft war.

Keinem konnte ich mehr trauen,
langsam begann ich abzubauen.

Mit der Zeit glaubte ich bald,
es gibt nur Spitzel auf der Welt.

Ich mied nun jede fremde Person,
glaubte, sie verfolgt mich schon.

Das Leben wurde mir zur Pein,
so konnte es nicht lange sein.

300 Meter waren es nur,
ich öfter jetzt zur Grenze fuhr.

Hier zu flüchten war schier Mord,
ich suchte einen anderen Ort.

Trotz Mauer und trotz Stacheldraht,
hab ich die Flucht dann doch gewagt.

Der Urlaub sollt es nun sein,
ich richtete alles drauf ein.

Über Jugoslawien fahren war mein Plan,
doch leider kam ich damit nicht an.

Das wäre leider ausgeschlossen,
schrieben mir dazu die Ost-Genossen!

3.000 Kilometer war die Tour,
die ich zuerst nach Osten fuhr.

Budapest, Bukarest und Prag,
durchstreifte ich je einen Tag.

In Sofia dann, so schien es mir ,
der Stasi-Arm, der reicht bis hier?!

Beim Gastgeber, hat ich Verdacht,
weil er mich ständig überwacht.

Schließlich hab ich`s doch geschafft,
Allein bis zur Jugoslawischen Botschaft.

Tatsächlich.- es war kaum zu verstehn,
konnt ich das Transit- Visum erstehen.

Urlaub machen wollte ich nun,
vom Altagsstreß mich gut erhol`n.

In Städten und auch am Strand,
ich genügend Abwechslung fand.

Doch ständig mich die Frage plagt,
Ist wirklich alles gut bedacht?

Wo wird wohl meine Landung sein,
im Westen oder Ost-Berlin?

Wer nicht wagt, kann nicht gewinnen,
ich werd` die Probleme schon bezwingen!

Entscheiden müsste ich spontan,
auf die Situation käm`s jeweils an.

Der Rückreise-Plan, der war gemacht,
hatte das Datum aber nicht bedacht.

Freitag der 13. sollte es sein,
ein wenig Angst flöhst` das mir ein.

Der Tag begann sehr interessant,
weil ich kein Hotelzimmer hier fand.

Zum Gastgeber kam nicht in Frage,
dann käme mein Reiseziel zu Tage.

Freunde waren nicht vor Ort,
alle in den Urlaub fort.

Im Bahnhof schlafen ginge nicht,
Die Bahnpolizei mich dort vertrieb.

Ein abgestellter Zug diente mir,
ersatzweise als Nachtquartier.

Nur einschlafen war ein Problem,
würd er am Morgen noch hier stehen?!

Pünktlich um 5 bin ich erwacht,
zu Ende war für mich die Nacht.

Genau als ich vom Zuge sprang,
setzte er sich langsam dann in Gang.

Geschafft war es, ich konnt nun gehen
und nach meinem Zuge sehen.

Pünktlich um 6 fuhr der dann ab,
Was wird noch bringen dieser Tag?

In Belgrad kam es mir schon vor,
als stände ich am Freiheitstor.

Doch w e i t gefehlt, das war nur Schein,
schnell holte mich die Wirklichkeit ein.

Plötzlich kam es mir so vor,
als wenn ein Schatten hinter mir wär`.

Mit einer Zeitung er sich bedeckt,
glaubte, ich hätt` ihn nicht entdeckt.

Wie werde ich den wieder los,
mit Tricksen schaffe ich es bloß.

Kreuz und Quer, von Eck zu Eck,
endlich war der Schatten weg.

Spät abends erst kam ich dann,
bei der Deutschen Botschaft an.

Geholfen hat man mir sofort,
mit Geld und einem West-Passport.

Ausreise nach Österreich kein Problem,
wenn jeweils den richtgen Pass ich nehm.

Diese Tricks halfen mir dabei,
dann war ich e n d l i c h wieder frei!

Geschafft war es, nun sollt`s gelingen,
ein neues Leben zu beginnen.

Sich einzuleben war recht schwer,
ich kam aus anderer Welt daher.

Doch nur Mut, es muss gelingen,
einfach ins kalte Wasser springen!

Arbeit finden war nicht schwer,
der Arbeitskräftemarkt war leer.

Doch ganz schnell musst` ich begreifen,
dass hier die Spatzen anders pfeifen!

Anpassung drüben sehr gefragt,
hier aber gar nicht angesagt.

Hier musst du täglich Dich beweisen,
manchmal auch deine Muskeln zeigen.

Nur wer es wagt, der auch gewinnt,
das weiß bereits hier jedes Kind.

Der Lerneffekt, der war enorm,
schon bald war ich in richt`ger Form.

Hier zu arbeiten machte Spaß,
alles gab` s im Übermaß.

Nun war`s für die Familie Zeit,
67 war dann Hochzeit.

68 der erste Sohn,
71 der 2. schon.

Alles schien nun recht perfekt,
das Problem oft im Detaile steckt.

Gearbeitet von früh bis nachts,
doch nicht alleine das Geld nur macht` s.

Bewegte Zeiten folgte nun,
ne`Menge gab es jetzt zu tun.

"2 Kinder schaff ich nicht allein",
natürlich sprang ich sofort ein.

Kinder wickeln nachts aufsteh`n,
manchmal war es unbequem.

Doch die Kinder waren sehr brav,
hatten meist `nen guten Schlaf.

Sie wurden groß und sehr aktiv,
bald ich mit ihnen Schlittschuh lief.

Auch mit Skiern rum zu fahren,
ich lernt es ihnen mit den Jahren.

Das Radfahren - ganz ohne Frage,
war für mich die größte Plage.

Bei beiden bin ich s t u n d e n l a n g,
wie bescheuert her gerannt.

Bald klappte es, wir waren stolz,
sind doch aus ganz besond`rem Holz.

Nun schien bei uns wohl alles klar,
da kam bereits die nächste Gefahr.

Sie konnten grad` mal richtig laufen,
da wollten sie ein Auto kaufen.

In meinem Automagazin
standen auch Angebote drin.

Für 10.000 bitte schön,
könnt `nen Porsche man erstehn!

Schnell ich den neuen Stand begriff,
ging über nun zum Gegenangriff.

Ein Motorrad, das musste her,
das war dann meine Gegenwehr.

Feldwege zum Üben war der Plan,
doch Mama nahm Anstoß dran.

Das Panzergelände machten wir,
kurzum zu unserem Übungs-Revier.

Hier konnten beide praktisch üben,
sie taten es mit viel Vergnügen.

Manchmal gab es kleine Schrammen,
die sie beim Fahren abbekamen.

Das steckten beide locker weg,
es diente doch 'nem höh`ren Zweck!

Auch ans Autosteuer ließ ich sie gern,
dafür mussten sie die Regeln lernen.

Mit 7 und mit 10 Jahren,
konnten beide p e r f e k t fahren!

Die Fahrschule wäre sicher baff,
wie das so`n kleiner Junge schafft.

Dann beim Urlaub vorbereiten,
kam es zu großem Streitigkeiten.

Auslöser dafür war doch nur,
Gegensätze bei uns`rer Tour.

"Ich vermassle Euch die Tour,
ich bleibe nämlich einfach hier!"

Sollte das die Lösung sein?
Schlaflos zermarterte ich mein Hirn.

Fahren wir wirklich nur zu dreien,
trag ich die Verantwortung allein!?

Beide waren erst 5 und 8 ,
das hatte ich dabei bedacht.

Über Nacht kam der Entschluss,
dass ich es wirklich machen muss.

Tatsächlich haben wir es gewagt,
zu dritt zu fahren bis nach Agde.
(Südfrankreich)
Vergessen war der Alltagsstress,
sogar ganz ohne Hemd und Dress.

Beim Camping kehrten wir zum Glück,
ganz zur Normalität zurück.

Angeln, baden, Burgen bauen,
dabei wurden wir rundum schön braun.

Das machte frei und man vergaß,
den angestauten Alltagsstress.

Erst nach 4 Wochen standen wir,
dann wieder zu Hause vor der Tür.

Nach diesem Abstand war`s nicht schwer,
zurück zu kehren in die Spur.

Reisen war immer schon Programm,
das kam auch bei den Söhnen an.

Manches Land haben wir bereist,
das hat gut zusammen geschweißt.

Marokko zu dritt war sensationell,
das vergisst man nicht so schnell.

Auf einer hohen Wüstendüne stehend,
das ist schon wunderbar erhebend.

Ungarn zu zweit war auch ganz schön,
dabei den Osten wieder zu seh`n.

Hier traf sich Ost und West ganz nah,
aber auch Stasi-Spitzel waren da!

Obwohl die Mauer kurz vor dem Fall
Die Gefahr lauerte noch überall.

Ich nahm mich wieder sehr in acht,
damit ich keine Fehler mach`.

Zu zweit mit Rad durch Israel,
war dann besonders originell.

Geschafft haben wir das ganze Land,
1800 km waren`s nach Tachostand.

Das Land für mich sehr interessant,
ich sofort daran Gefallen fand.

Spontan hab ich mir vorgenommen,
wieder mal hierher zu kommen.

Zum Studium gingen beide fort,
studierten an verschiedenem Ort.

Einsam wurde es zu Hause nun,
für mich blieb nicht mehr viel zu tun.

Mit 63 trat ich dann
die wohl verdiente Rente an.

Doch wollt` ich absolut nicht ruhn,
nicht rosten, dafür noch was tun.

14 Jahre im Ehrenamt
bei der Tafel waren interessant.

Viel Arbeit gab es, aber auch Lohn,
der Dank der Kunden entschädigt schon.

Diese Zeit hat mich geprägt,
hab` viele Schicksale erlebt.

Für weite Reisen war es nun Zeit,
am besten aber wohl zu zweit.

Leider stieß ich da auf Eisen,
viel Arbeit hier, statt zu verreisen.

Hausarbeit - sollt ich verstehn -
sei wichtiger als rum zu ziehn."

Im Gegenteil, ich musste nun
sogar im Haushalt etwas tun.

Half täglich nun beim Putzen,
war nicht gerad` von hohem Nutzen.

Dazu die Putzfrau 1 mal die Woch`,
Ja, glaubt das einer noch?

Allen wollte ich nun beweisen,
allein kann man die Welt bereisen.

Viel` Länder hat ich noch im Sinn,
wo fahre ich zuerst bloß hin???

Israel und Griechenland,
hatte ich ja schon gekannt.

Tunesien und die Türkei,
machte ich so nebenbei.

Syrien und Jordanien dann,
standen auf dem Reiseplan.

Thailand und Indonesien
sind auch dabei gewesen.

In Gruppe reisen machte Freud,
ständig trifft man neue Leut`.

Die Organisation war meist perfekt,
weil der Veranstalter dies abgedeckt.

Dann war der Kibbuz noch mein Ziel,
gehört, gelesen hatt` ich schon viel.

Doch wie das Leben wirklich ist,
erfährst du nur, wenn du dort bist.

<u>4 mal 5 Wochen</u> war ich dabei,
lernte vor Ort so allerlei.

Ehrenamtlich, das war klar,
ich die ganze Zeit dort war.

Im Frühjahr pflanzen, hacken, jäten,
im Sommer Büsche, Bäume pflegen.

Im Herbst Datteln und Oliven rein,
im Winter musst alles verarbeitet sein.

Reif war inzwischen auch der Wein,
wir füllten ihn in Flaschen ein.

Arbeit gab es das ganze Jahr,
keine Zeit zum Bummeln war.

Freitags Arbeit nur bis 2,
danach dann hatten alle frei.

Jetzt wurden manche recht mobil,
feiern war jetzt nur ihr Ziel.

Getanzt bis Sonnenuntergang,
danach Festmahl und viel Gesang.

Die Freizeit nutzte ich sehr gern,
zu Wüstentouren, nah und fern.

Freundschaften habe ich geschlossen,
trotz harter Arbeit es genossen.

Denn Gemeinsamkeit, die tut sehr gut,
und macht am Ende allen Mut.

Die Arbeit wurde mir nun schwer,
der älteste Helfer ich hier war.

2008 war dann die letzte Tour,
zum meinem Kibbuz Neot Smadar.

Auf Bali, dem schönen Hindu-Land.
ich viele gute Freunde fand.

Weil es mir dort so gut gefiel,
war das Land 4 mal mein Ziel.

Schnell und scharf hatt` ich erkannt,
Reichtum ist hier sehr vakant.

An einer Brille fehlt es oft,
auf kostenlos ist falsch gehofft.

Auf 5 Reisen insgesamt,
bracht viele Brillen ich ins Land.

Bei 80 armen Menschen dann,
bracht ich die richt`ge Brille an.

Der Zöllner, war mir bald klar,
der hier erst zu bestechen war.

Eine Brille opferte ich ihm,
dafür ließ er mich weiter zieh`n.

Manche konnten`s kaum verstehn,
dass sie nun wieder alles sehn.

Bald war ich im ganzen Land ,
als der Brillenmann bekannt.

Auch für das ferne Indien,
konnt ich `ne Reiseroute finden.

Indien-Reisende, so ist zu lesen,
sind oft total geschockt gewesen.

Wollen nach 3 Tagen nur noch heim,
weil die Verhältnisse schrecklich seien.

Das sollte mir aber nicht passieren,
nahm mir viel Zeit zum Informieren.

Nun wußt` ich aus der Literatur,?
hier gibt es Luxus nicht nur pur.

Weil alles das mir war bekannt,
bereiste ich 2 mal das Land.

Palmblatt-Bibliotheken in Indien sind
anders als man es hier kennt.

Vor 5.000 Jahren haben weise Wesen
Schicksale beschrieben, kann man lesen.

Wer nun vor Orte danach fragt,
bekommt sein Schicksal voraus gesagt.

Das ist zwar nicht recht zu verstehen,
deshalb wollte ich es selber sehen.

Ganz gezielt zum zweiten Mal,
ich nun beim Nadi Reader war.

In der umfangreichen Datei
war auch mein Lebenslauf dabei.

Er ließ mich in die Zukunft seh`n,
und was noch alles könnt` gescheh`n.

Bis jetzt ist alles eingetroffen,
weiter so, kann ich nur hoffen.

Und so ganz, ganz nebenbei,
hatt` ich noch eine Vortragsreih`.

Von Reisen konnte ich berichten,
dazu erzählen v i e l e Geschichten.

Der Einstieg kam ganz überrascht,
die Fahrrad-Tour die Runde macht.

Pfarrer Mutschler bat mich nur,
zu berichten von der Israel-Tour.

Das kam bei allen sehr gut an,
weshalb ich weitere Aufträge bekam.

Ob Autoclub, ob Sportverein,
ich schilderte meine Reisen gern.

Mehr als 40 Vorträge zusammen,
aufmerksame Zuhörer fanden.

Von Nah und Fern hab` ich berichtet,
reine Wahrheit, nichts gedichtet.

Mich macht`s froh, es stimmt mich heiter,
geb` gerne Wissenswertes weiter.

Vorbei ist`s nun jedoch mit Reisen,
zähle langsam zu den Greisen.

Man kann auch anders Zeit vertreiben,
hab mich verlegt nun auf das Schreiben.

12 Bücher sind es schon zusammen,
die all` aus meiner Feder stammen.

Mit "Eerinnerungen" ging es los,
4 Bände meines Lebens bloß.

Kurzgeschichten schloss ich an,
für den, der nicht lang lesen kann.

Auch Romane waren dabei,
bisher sind' s jedoch nur drei.

Ein 13. Buch schwebte mir noch vor,
hatt` viele Verse schon im Ohr.

Hier halte ich es in der Hand,
es ist tatsächlich der 13. Band.

Zufrieden lehn` ich mich zurück,
bedenke alles voll beglückt.

Schau gerne meine Bilder an,
hab` selbst nun meine Freude dran.

Dabei bild` ich mir immer ein,
noch einmal an dem Ort zu sein.

Alle Figuren werden wach,
als spielte ich mit ihnen Schach.

Im Alter aber, das leuchtet ein,
hält`s niemand aus, so ganz allein.

Ein Portal im Internet pries an,
wie man sich kennen lernen kann.

Wenige Kontakte waren es nur,
dann war ich auf der richtg'en Spur.

Christa hieß die fesche Frau,
10 Jahre jünger fast genau.

Nach zwei Jahren wurde klar,
ich zieh jetzt um, hierher nach Lahr.

Hier stand ich bisher meinen Mann,
gut, wenn man viel selber machen kann.

Es ist nicht leicht, man glaubt es kaum,
umzupflanzen `nen alten Baum.

Hast du Glück, dann wächst er an,
was ich von mir schon sagen kann.

Jetzt nämlich hab` ich hier,
bald noch mehr Freunde als vorher.

Hier vor Ort und in der Stadt,
ich inzwischen Bekannte hab`.

Doch jetzt kommen mit den Jahren,
Probleme, die einst keine waren.

Früher war es manchmal das Geld,
das einem einfach hat gefehlt.

Heute sind es oft die Schmerzen,
die einem gehen auf die Nerven.

Doch zum Glück gibt es ja Pillen,
die manches Weh-Wehchen stillen.

Jammern ist für mich kein Trost,
meistens wächst dadurch der Frust.

Auch wenn es manchmal etwas reibt,
manche Probleme heilt die Zeit.

Die Mobilität ist ein Problem,
dem kann man leider nicht entgehen.

Wegen CO_2 ist`s eigentlich Muss,
dass alle fahren mit Bahn und Bus.

Doch für uns Alte ist`s unbequem,
wenn wir unser Auto nehm`n.

Von Tür zu Tür geht es dann schnell,
bin zum Termin rechtzeitig zur Stell`.

Parkplätze aber, die sind rar,
ich -zig mal um die Blöcke fahr.

Schnell brech` ich dann in Panik aus,
kein Parplatz von hier bis fast zu Haus.

Fahr ich nach Hause, ist es zu spät,
dabei mein Termin dann flöten geht.

Parke ich falsch, dann kann es sein,
ich fang mir `ne Strafe ein.

Ich überlege - hätt ich doch leicht,
den Termin mit Taxi prompt erreicht.

Die Lehre ist von der Geschicht`,
mit einem Taxi versäumst Du`s nicht!

Inzwischen ist es bald so weit,
Lappen abzugeben wäre fast Zeit.

Doch bisher war noch nie Gefahr,
den Test bestand ich alle 5 Jahr.

Ein Test steht jetzt nun wieder an,
ob ich den Prüfer überzeugen kann?

Insgesamt fühl ich mich o.k.,
Hoff, daß der Prüfer es auch so seh.

Gestern war es nun so weit,
zum Testen macht ich mich bereit.

Die Prüferin `ne junge Frau,
der ich mich hier nun anvertrau`.

Fair behandelt sie hier mich,
keinen Fehler begehe ich.

Vorbildlich sogar, sei ich gefahren,
ausgelöst keine Gefahren.

Die Reaktion, stellt sie heraus,
seh` besser als bei Jungen aus.

Zum Schluss stellt sie dann fest,
bestanden hätte ich den Test.

Am besten aber sollte man laufen,
und seine eignen Beine brauchen.

Das täte der Gesundheit gut
und macht auch wieder neuen Mut.

Doch leider macht das Gleichgewicht
bei mir nicht mehr so richtig mit.

Kürzer wird nun jede Tour,
am liebsten lauf ich gar nicht mehr.

Für uns Beide trotzdem gilt,
es wird nicht nur herum geschillt.

Versorgen uns noch täglich allein,
möchten lang noch selbstständig sein.

Jeden Montag bin ich fort,
gehe zum Seniorensport.

Mit Rollator geht s wunderbar,
schließlich sind fast alle so da.

Hildegard die Trainerin heißt,
schult den Körper und den Geist.

Sie macht es mit sehr viel Bedacht,
denn alle sind wir schon betagt.

Für den Haus- Putz ist es nun Zeit,
wäre nur jemand zur Hilfe bereit.

Nun sind wir voller Zuversicht,
denn Hilfe ist nun schon in Sicht.

Nancy und Ralf werden helfen nun,
ich weiß es oft, kann`s nicht mehr tun.

Sie sind geschickt und meisterhaft,
hab`n viele Dinge schon geschafft.

Mit 90 muss man eingestehen,
es kann nicht alles mehr so gehen.

Loszulassen gilt es ab nun,
die Jugend soll jetzt etwas tun.

Sie soll auch neue Wege gehen,
die wir Alten nicht mehr sehen.

Ich wünsche ihnen, dass es gelingt
und am Ende gute Früchte bringt.
Georg.